\はじめての/
アクティブ・ラーニング！
英語授業

Active Learning for English Classes!

東京都立両国高等学校・附属中学校主幹教諭
山本崇雄

学陽書房

はじめに

　僕の授業が、大きく変わった教師17年目の2011年。この年、教師としての価値観に大きく影響を与える出来事が二つありました。
　一つ目は、東日本大震災です。約半年後、津波に襲われた東北の海岸線を歩き、廃墟と化した小学校を見て、涙が止まりませんでした。

「人間には、ゼロからスタートしなければならない時がある。教師がいなくても学び続ける子を育てなければならない」

　同じ学年を組んでいた同僚の山藤旅聞先生(生物科)と、心にこう誓いました。
　二つ目は、この年の夏に行ったケンブリッジ大学での研修です。ここで自分の授業を根本的に見直す機会を得ました。すでにある程度整ったオールイングリッシュの授業ができるようになっていたのですが、何か違和感を感じていました。その違和感をケンブリッジで見事に指摘されたのです。

「君の授業は生徒にレールを引きすぎている」

　確かに当時の僕の授業は、生徒に失敗をさせないよう丁寧に多くのことを教えていました。新出単語が出てくれば、発音や意味を導入し、文法もすべて説明していました。生徒がアクティブに学んでいるようにみえたのですが、あくまでも教師主導の授業に過ぎなかったのです。教えすぎていたら、生徒は自立しないとの指摘が、東日本大震災で感じたことにつながります。

「自立した英語学習者を育てたい」

　こう強く思うようになり、アクティブ・ラーニングの活動の先に、自立した学習者の育成を置きました。
　そして、現在、生徒主体の自立を目指したアクティブ・ラーニングの授業を行っています。自立を目指したアクティブ・ラーニングの授業では、先生が教える場面が少なくなります。生徒が助け合い、教え合う場面もたくさんみられるようになり、最終的には、生徒が教師役を務める「教えない」授業も可能です。
　本書では、自立を目指したアクティブ・ラーニングの活動をゼロから始めるコツと活動例をわかりやすく解説しました。英語を学び始めの中学生から、高校3年生まで応用が可能です。しかも、特別な技術が必要ないので、初任の先生でもすぐに取り入れられます。
　本書が多くの先生方のお役に立ち、多くの生徒が自立した学習者に育ち、10年後、20年後のさらに多様化し、国際化した社会で力強く活躍することを願います。
　最後に、僕を初任のころから育てていただいた英語授業研究会の長勝彦先生、杉本薫先生、常に励ましの言葉を寄せていただいている安河内哲也先生、活動のさまざまな示唆をいただいた岸洋一先生、多くのアイデアを下さった都立両国高校・附属中学校の「学びの広場」の先生方、英文を校閲していただいた Stephanie Swanson 先生、Edmar Castillo 先生、そして僕の「教えない」授業で生き生きと学んで育ってくれた都立両国高校附属中学校第6期生、両国高校第114期生の生徒たちに心から感謝の気持ちを送りたいと思います。

　　　　　　　　　　　　　　　　　　　　　　　　山本　崇雄

アクティブ・ラーニング授業
のさまざまな手法

英語授業で、さまざまな活動を取り入れながら、生徒が自分で学びを深めていくことを促しています。ここでは、主だった活動を、写真でご紹介していきましょう。

Oral Presentation

Look at this picture...

授業のゴールは、教科書の内容を英語で説明することです。
ゴールを目指して学習していきます（中１）。

パソコンを使った学習

これで合ってるかな

うーんここわからない

検索をかけ直してみる？

調べ学習では、複数で１台のパソコンを使うことによって、議論が生まれます（中３）。

ペアワークのようす

ペアを何度も変え、お互い感謝し合いながら、学習を進めていきます（高1）。

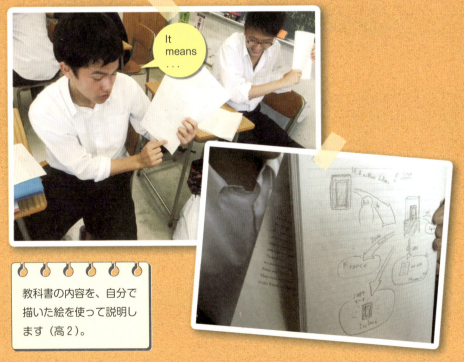

教科書の内容を、自分で描いた絵を使って説明します（高2）。

ディベートのようす

議論を肯定、否定の異なった立場から考えることは、多様な考えを受け入れる基礎になります（高1）。

4人組グループで、一人ひとりがそれぞれ教室の4ヵ所に置いてある異なる情報を確認してきて持ち寄り、グループで共有します（高1）。

課外活動のようす

英語でミュージカル（中1〜中3有志）。伝えたいメッセージを世界に発信する経験です。

こちらは高校のESS部。自立し、教師なしで都大会に入賞する作品をつくり上げました。

もくじ ▶▶▶▶▶▶▶

はじめに —— 2

第1章 アクティブ・ラーニングの英語授業って？

アクティブ・ラーニングとは何か？ —— 16

英語のアクティブ・ラーニングの授業の実際 —— 18

英語のアクティブ・ラーニング、何から始める？ —— 20

アクティブ・ラーニングで受験対策は大丈夫なの？ —— 22

アクティブ・ラーニングで
成績が下がったりしないの？ —— 24

生徒の活動がメインなら
教師はどんな役割になるの？ —— 26

遊んでしまう子がでたら？
授業が失敗しないの？ —— 28

アクティブ・ラーニングでは
教師が「教えない」って本当？ —— 30

第2章 はじめてトライ！アクティブ・ラーニングの英語授業

はじめてのアクティブ・ラーニング授業で
生徒に伝えるべきこと —————————————— 34

はじめてのアクティブ・ラーニング授業で
何をする？ —————————————————— 36

はじめてのアクティブ・ラーニング授業で
生徒のこんな様子をチェック ——————————— 38

はじめてのアクティブ・ラーニング授業で
必要なICT活用 ———————————————— 40

否定的な生徒への対応 ————————————— 42

第3章 さあやってみよう！アクティブ・ラーニング

- 辞書指導は自立への一歩 —— 46
- 語いの増やし方 —— 48
- 文法の学び方1 〜生徒がつくるワークシート〜 —— 50
- 文法の学び方2 〜たてよこドリル〜 —— 54
- 発音の学び方 —— 56
- ペアワークの方法 —— 58
- グループワークの方法 —— 60
- Think-Pair-Share —— 62
- ジグソー法1 〜中1など入門期に〜 —— 64
- ジグソー法2 〜リーディングなどの活動に〜 —— 66
- ポスターツアー —— 68
- 「問い」から始まる授業 —— 70
- Question Making —— 72
- サイトトランスレーションの利用 —— 74
- 音読指導 —— 76
- クレジットロールリーディング（字幕読み） —— 78

Picture Drawing	80
Oral Presentation	82
Paper-go-around	84
調べ学習でコンピュータを使う時	86
ミニッツペーパーの利用	88
リフレクションシート	90
勉強方法の共有	92

第4章 アクティブ・ラーニングの授業準備

生徒主体の授業案の作成方法	96
実際の指導案の例	98
「教えない」授業1 〜最初の5分を生徒で進める〜	104
「教えない」授業2 〜教科書の内容を生徒だけで学ぶ〜	106
「教えない」授業3 〜生徒による授業〜	108

第5章 こんな時どうする？アクティブ・ラーニングQ&A

- 生徒が話したり動き出したりしない時にはどうしたらいい？ ——— 112
- 生徒が話し合っていることが間違っている時は？ ——— 114
- 孤立する生徒が出てきたらどうするの？ ——— 116
- 保護者や教職員からやり方を批判されたら？ ——— 118
- 講義型の授業に戻してほしいと生徒に言われたら？ ——— 120
- 成績が下がってしまったら？ ——— 122
- 宿題はどうするの？ ——— 124
- テスト、評価はどうするの？ ——— 126

参考文献

Bonwell, Charles C. & Eison, James A.（1991）*Active Learning: Creating Excitement in the Classroom*, Jossey-Bass
John Farndon（2009）*DO YOU THINK YOU'RE CLEVER?*, ICON BOOKS.
田中耕治編『よくわかる教育評価』ミネルヴァ書房、2005年。
エリザベス・バークレイ、パトリシア・クロス、クレア・メジャー著、安永悟監訳『協同学習の技法－大学教育の手引き』ナカニシヤ出版、2009年。
山本崇雄『英語のたてよこドリル』正進社。

参考ホームページ

教育再生実行会議（平成27年7月8日～）
（http://www.kantei.go.jp/jp/singi/kyouikusaisei/teigen.html）
文部科学省「高大接続システム改革会議議事要旨・議事録・配付資料」（平成27年3月5日～）
（http://www.mext.go.jp/b_menu/shingi/chousa/koutou/064/giji_list/index.htm）
公益社団法人経済同友会（2015年）「これからの企業・社会が求める人材像と大学への期待～個人の資質能力を高め、組織を活かした競争力の向上～」
（http://www.doyukai.or.jp/policyproposals/articles/2015/150402a.html）
中央教育審議会「新しい時代にふさわしい高大接続の実現に向けた高等学校教育、大学教育、大学入学者選抜の一体的改革について（答申）」（平成26年12月22日）
（http://www.mext.go.jp/b_menu/shingi/chukyo/chukyo0/toushin/1354191.htm）
教育課程企画特別部会「教育課程企画特別部会における論点整理」（平成27年8月26日）
（http://www.mext.go.jp/b_menu/shingi/chukyo/chukyo3/053/sonota/1361117.htm）
日本経済新聞（2014年11月15日）「都立両国、復活の舞台裏（上）「教えない授業」の魔力」
（http://www.nikkei.com/article/DGXLASFK10H2K_Q4A111C1000000/）
日本経済新聞（2014年11月16日）「都立両国、復活の舞台裏（下）　受験は男女混合団体戦」
（http://www.nikkei.com/article/DGXLASFK11H27_R11C14A1000000/）
Arthur W. Chickering and Zelda F. Gamson（1987）*Seven Principles for Good Practice in Undergraduate Education*
（http://www.aahea.org/articles/sevenprinciples1987.htm）
植松努のブログ（まんまだね）「自律を育てるために。」（2015年2月5日）
（http://tsutomu-uematsu.hatenablog.com/entry/2015/02/05/090150）

第1章

アクティブ・ラーニングの英語授業って？

▶▶▶▶▶▶▶▶

アクティブ・ラーニングとは何か？

これまでの授業で大丈夫？

　英語の授業ではこれまで、ペアワークやグループワークなどのコミュニケーション活動が盛んに行われてきました。文部科学省のアクティブ・ラーニングの定義でも「教室内でのグループ・ディスカッション、ディベート、グループ・ワークなども有効なアクティブ・ラーニングの方法である」とあります。ですから、これまで行ってきたペアワークなどの活動の多くは、アクティブ・ラーニングの活動と言えます。

　ただ、アクティブ・ラーニングの活動は教育の一つの手段に過ぎません。その先、どのような生徒を育てたいかという目的を持たなければ、ただの活動になってしまいます。ですから、「ペアワークを取り入れている」だけでは、今求められているアクティブ・ラーニングの授業とは言えません。

自立した学習者を育てるための
アクティブ・ラーニング

　本書ではさまざまなアクティブ・ラーニングの活動を紹介します。これらの中には、これまでの英語授業で行われてきたものも多くあります。

　しかし、それらをただ行うだけでなく、**活動の先には、生涯英語を自ら学び続ける力を育て、「自立した学習者」を育てる**という目的を置きたいと思います。

　具体的に言うと、生徒が将来、目的に応じて「学び方」を選び、自ら

学べる力をアクティブ・ラーニングで育てるということです。

本書で紹介するアクティブ・ラーニングの活動とは

アクティブ・ラーニングの定義はさまざまありますが、本書では以下のような学びを目指したいと考えています。

"Learning is not a spectator sport. Students do not learn much just by sitting in classes listening to teachers, memorizing pre-packaged assignments, and spitting out answers. They must talk about what they are learning, write about it, relate it to past experiences and apply it to their daily lives. They must make what they learn as a part of themselves."
(1987 Arthur W. Chickering and Zelda F. Gamson)

しかし、いきなり英語でこのような学びができるわけではありません。音読や発音練習など英語を習得するためのトレーニング的な活動も欠かせません。ですから、本書で取り上げるアクティブ・ラーニングの活動を以下のように定義したいと思います。
① 英語の「学び方」を能動的に英語で学ぶ活動
② 英語を使って多様な考え方を能動的に学んだり、自分の考えを表現したりする活動

学習者がさまざまな「英語の学び方」を身につければ、自ら英語を学ぶことができます。そして自ら学んだ英語を使い、多様な考え方を学び、自分の考えを英語で発信することによって社会に貢献できる能力を身につけることができると考えます。ですから、アクティブ・ラーニングの活動の先に、10年後、20年後、生徒が英語を使い、社会に貢献する姿を思い描く視点が大切になります。

英語のアクティブ・ラーニングの授業の実際

 ### 英語の「学び方」を学ぶ

　英語は、一つの言語で、コミュニケーションの一つの道具に過ぎません。道具として、英語で「聞く」「話す」「読む」「書く」能力を育てるトレーニングは必要です。

　重要なのはこれらもアクティブ・ラーニングで学ぶことができるということです。

　たとえば、音読も全員で一斉に練習するのでなく、ペアの片方が聞く役にします。聞く相手がいるだけで、「伝える」ことを意識した音読になります。または、音読する前に、「ここで作者が伝えたい大切な1文がどれか考えながら読みなさい。読み終わった後、隣の人と意見交換します」と指示するだけで、意味の伴った能動的な音読になります。「3回読んでから座りなさい」だけでは、意味の伴わない音読になる可能性があります。

　このように、さまざまなトレーニングの方法をアクティブ・ラーニングの活動に組み込んで授業を重ねていく中で、単語や発音、文法の学び方を教えていきます。これらが、英語を使って多様な考え方を能動的に学び、自分の考えを表現する英語力の土台になるわけです。

 ### 多様な考え方を能動的に学び、自分の考えを表現する

　英語力を育てるトレーニングを重ねていく中で、自分の考えを自由に

表現するクリエイティブな活動も行うことが大切です。中学・高校の教科書にはさまざまな話題が盛り込まれています。それらを通して、何を学び、自分はどう思ったのかを英語で表現できることを目指し、授業を計画していきます。

　たとえば、私の教えるコミュニケーション英語の授業はBig Questionと呼ばれるオープンクエスチョンから始まります。ある課では、福沢諭吉が感じたアメリカと日本の政治の違いについて述べられていました。その課では、"Should Japan introduce direct election of Prime Minister?"がBig Questionでした。**教科書の内容を理解するトレーニングをアクティブ・ラーニングで学びながら、この問いの答えを考え続けるのです。**

　そして、最後に、この課で学んだことの要約とBig Questionの答えを口頭で発表します。これがOral Presentationという活動です。課の最後にOral Presentationがあることによって、生徒は課の目標を常に意識しながら学習することになります。

　アクティブ・ラーニングの英語の授業では、このように、授業の目標をしっかりと設定し、生徒が目標を意識しながら能動的に授業を受けることが望ましいと考えます。

最後は自立した学習者を目指す

　英語の「学び方」を生徒が理解し始めたら、ゴールを示し、学び方を生徒に選択させます。たとえば、「9時20分までに、教科書○○ページの絵を英語で説明できるようにしましょう。そのための練習方法はグループで相談して決めてください」と指示します。**学び方を自分たちで選ぶことによって、主体性と責任感が生まれます。**また、課題に対して、適切な学習手段を選ぶ力は、家庭学習での自学力にもつながります。

英語のアクティブ・ラーニング、何から始める？

 型にはまらず自由な発想で始めましょう

　教師の世界には、カリスマ的なスーパーティーチャーが存在します。中には、その先生でなければ実践できない、まねをするのが難しい汎用性の低い授業もあります。

　アクティブ・ラーニングの授業でも、まねをするのが難しいと感じたり、自分の生徒では無理だと感じたりする活動もあるでしょう。研究会などでは、アクティブ・ラーニングを汎用的に広めようとさまざまな方法が生まれ、「アクティブ・ラーニングとはこういうものだ」と縛りが生まれ、それにとらわれ、「自分にはできない」とあきらめてしまう場合もあります。

　これでは All or nothing. になってしまい授業改善にはつながりません。ですから、はじめてアクティブ・ラーニングに取り組む方のために、第2章では、はじめてのアクティブ・ラーニング授業を行う上での提案を書かせていただきました。そして、第3章以降で紹介する具体的な活動からできることを選びながら授業をつくっていくのがいいと思います。**こうでなければいけないという固定概念にとらわれず、先生自身が楽しみながらアクティブに挑戦することが大切です。**

 「自立した学習者を育てる」アクティブ・ラーニング

　ご自身で実践できそうな活動から始めればいいのですが、**自立した学**

習者を育てるための活動であるという目的意識はぶれてはいけません。先生がいなくても学び続ける自立した学習者を育てるためのアクティブ・ラーニングであり、アクティブ・ラーニングが目的ではないのです。

　先生が出張で、自習になるときなどは、生徒が自立する大きなチャンスです。スモールティーチャー（先生の代わりをする生徒）を募集し、慣れ親しんだ活動のリストを渡してみましょう。中1でもCDプレーヤーなどを使いながら楽しんで授業をするでしょう。

あきらめずにアクティブ・ラーニングを続けること

　アクティブ・ラーニングに慣れていない生徒、とくに塾や予備校などで、答えをわかりやすく解説してくれる講義形式の授業に慣れている生徒からはアクティブ・ラーニングの授業に反発もあるかもしれません。このような生徒にとって、自分たち生徒が主体になるアクティブ・ラーニングの授業は大きな変化です。

　生徒が変化を受け入れるようになるには、まず先生が常に学びながら変化している姿勢を見せ続けることが大切です。そのために、先生の学びのネットワークを広げ、先生自身も学びながら変化していることを時には語ることも必要です。

　変化を受け入れる心は多様性を認める心へとつながります。このような社会的能力を育てるのもアクティブ・ラーニングの授業に求められていることです。

　将来、ますます多様化し、変化する社会で力強く生き抜く生徒を育てるためにも、1回や2回反発があってもあきらめてはいけません。**2ヵ月、3ヵ月と粘り強くアクティブ・ラーニングの授業を続けることが成功の秘訣です。**

アクティブ・ラーニングで受験対策は大丈夫なの？

 大学受験が大きく変わります

述べてきたように、英語の授業では、観点別評価の4観点を考慮しながら、英語の「聞く」「話す」「読む」「書く」の4つの技能が身に付くように計画していくことが重要です。学習指導要領でもこれらをバランスよく教えることになっています。

しかし、これまでの英語の大学入試は、「読む力」や文法などの知識を測ることに重点が置かれていました。「入試が変わらないと授業が変わらない」という意見は昔からよく聞かれるものです。そこで、この数年、TEAPやGTEC-CBT、TOEFLといった4技能を測る外部試験を入学試験に導入する大学が増えています。

「話す力」を測るスピーキングテストが大学入試に導入されるので、授業でも「話す力」を伸ばす指導が求められます。英語のアクティブ・ラーニングの授業では4技能をバランスよく伸ばすことができるので、これからの英語入試はもちろん現在の英語入試も対応できます。

 文法問題やリーディング問題もアクティブ・ラーニングの素材に

従来型の大学入試で出題されている文法問題やリーディングの問題もアクティブ・ラーニングの素材にすることができます。以下の文法問題を例にしてみます。

"Are John and Mary still living in New York?"
"No, they (　　　) to Dallas."　　　　　　　　（センター入試）
　　① are just moved　　② had just moved
　　③ have just moved　　④ will just move

　正解は③ですが、正しい答えを（　　）に入れてしまうと一つの会話文になります。

A: Are John and Mary still living in New York?
B: No, they have just moved to Dallas.

　（　　）に正解を入れてしまえば、立派な素材になります。これを使って、ペアで会話練習ができます。また、主語を友だちの名前にしたり、地名をなじみのあるものに変えたりすれば、意味が生きたものになり、自己表現力の向上につながります。このように、**単に一問一答で終わってしまう問題も、アクティブ・ラーニングの素材にすることができます。**
　また、布村奈緒子先生（英語科）は、リーディングの和訳問題をグループで取り組ませ、どの解答がもっとも優れているかをディスカッションさせています。どの解答が優れているかを考えることは、採点者の観点になることを意味します。文法や構文などの知識を活かしながら、文脈から正しく意味を理解することができ、大学入学後も文献を誤解なく正しく読む力に結びつきます。
　大学入試は一つの通過点です。**入学後、英語で学び、表現できる力につなげる指導が重要です。**そして生涯、自ら学んだ英語を使い、多様な考え方を学び、自分の考えを表現し、社会に貢献できる能力を発揮できる姿を思い描きましょう。

アクティブ・ラーニングで成績が下がったりしないの？

▷ アクティブ・ラーニングの授業での評価を考えましょう

　もし、英語の成績を中間考査、期末考査の結果だけを使って出していたとしたら、成績の出し方を改める必要があります。

　現在、学習指導要領は観点別の評価をするように求めています。英語科では、①コミュニケーションへの関心・意欲・態度、②外国語表現の能力、③外国語理解の能力、④言語や文化についての知識・理解の4観点に基づいて評価します。定期テストなどのペーパーテストで測れるのは、③の中に入る「読む力」「聞く力」そして④に入る文法などの「知識」がメインになります。ライティングテストを入れれば②の観点も評価できますが、「話す力」はペーパーテストで評価することはできません。

　英語のアクティブ・ラーニングの授業で付けさせたいのは、**「自ら学んだ英語を使い、多様な考え方を学び、自分の考えを表現し、社会に貢献できる能力」**です。これはペーパーテストだけでは到底評価できるものではありません。まずは、ご自身の成績の出し方が生徒に付けさせたい力を適切に評価できているかを見直しましょう。

　アクティブ・ラーニングの授業での指導とその結果を適切に評価できれば、成績が下がることはありません。

▷ 付けさせたい力（目標）をわかりやすく示しましょう

　先にも書いたとおり、私の受け持つコミュニケーション英語の授業では、Big Question と呼ばれるオープンクエスチョンから始まります。この問いに答えることが目標となります。レッスンの最後に教科書で学んだことの要約と Big Question の答えを英語で発表します。

　教科書の要約と Big Question の答えを英語で発表するために必要な語彙や文法、発音を学んでいきます。正確に相手に伝えたいと思えば、正確な発音ができなければなりません。文法のミスがあったら不正確になるので、しっかり下書きをして準備もします。

　一つの目標に向かって授業をし、その結果を適切に評価する。**授業と評価が一体になれば、生徒は適切に評価された時、そこに達成価値を見いだし、次の授業へのモチベーションとなります。**

▷ 教科書の内容を1年で終えられるの？

　アクティブ・ラーニングで学び方を身に付け自立した学習者になればなるほど、学校外で学ぶことができるようになります。また、目標をわかりやすく示せば、それに向かって必要な学びを選ぶこともできるようになります。

　さらに、将来は、反転授業のように、インターネットを使って動画の解説を家で繰り返し視聴することも当たり前になるでしょう。学校外で自学できることは生徒に任せれば、授業の内容は精選されていきます。そう考えると、むしろアクティブ・ラーニングの授業は講義型の授業より、時間を短縮できるのです。実際に私の授業でも以前の一斉授業の時よりも、アクティブ・ラーニングに切り替えてからのほうが、教科書を終わらせるまでの時間が大幅に短縮されています。

　アクティブ・ラーニングの授業が当たり前になると、「テスト範囲が終わらない」という台詞は死語になるのではないでしょうか。

生徒の活動がメインなら教師はどんな役割になるの？

▶生徒の自立を助ける存在に

　自立を阻害するもので一番大きなものは「管理すること」です。管理は一見、まとまった集団をつくる簡単な方法だと考える先生は少なくありません。たとえば授業で、生徒が騒がしくなってしまった時、大きな声で、"Be quiet!"と怒る先生も多いでしょう。

　しかし、この行為は生徒の自立を阻害します。**「先生が怒るから静かにしよう」は学習のモチベーションではありません。**

　また、生徒が失敗しないように教えすぎることも管理にあたると考えます。むしろ失敗する（間違える）経験を積ませ、友だち同士助け合いながら、共に解決法を見つけていく集団をつくっていくのが教師の役割です。アクティブ・ラーニングの授業ではこうした自立した集団を育てることができます。具体的な方法は第3章で述べていきます。

▶「知識」を教えるのではなく 「学び方」を教える存在に

　英語の教師としてよく受ける質問に、「先生、○○の意味は何ですか」というものがあります。こんな時、私は"I'm not your dictionary."と答え、辞書を使うことを奨励します。答えを言ってしまったほうが、効率的です。しかし、時間はかかっても自ら解決する経験は積ませる必要があります。**自立した学習者を育てるには時間がかかります。1年、2年といった長いスパンで粘り強く支援していくことが重要です。**

▶ ファシリテーターとしての役割

　これまで述べてきたとおり、自立した学習者は「教え込み」型の授業では生まれません。したがって、教師の役割も、知識をわかりやすく教える存在から、学習者の自立を支援するファシリテーターとしての存在に変化しなければなりません。

　ファシリテーターはただ、学習者を見守るだけでは務まりません。どのような自立した学習者を育てたいかを、10年後、20年後の社会の変化を考察しながら明確な目標を持ち、それをわかりやすく示す力が求められます。また、目標に向かってどのような活動を取り入れ、どのような支援をしていくかを計画する力や、付けさせたい力をCan-doリストやルーブリックなどにまとめ、適切に評価していく力も重要です。

Can-do リストとは

　Can-Doリスト（以下Can-Do）というと、基本的には外国語教育の目標として使われているものだが、その考え方の根幹にあるのは、対象となっている言語を使って「何ができるか」ということを明確化するということである。例えば、英語教育に当てはめると、「簡単な英語を使って自分の日常の出来事について説明することができる」という具体的な目標を立て、その実現に向けた指導をすることを意味する。

（吉田研作：英検ホームページより）

ルーブリックとは

　ルーブリックとは、成功の度合いを示す数値的な尺度（scale）と、それぞれの尺度に見られる認識や行為の特徴を示した記述語（descriptor）からなる評価指標のことを言います。　　　　（田中耕治編『よくわかる教育評価』ミネルヴァ書房、2005年）

遊んでしまう子がでたら？
授業が失敗しないの？

ふざけている生徒が出たら？

　まず、このような生徒が出てくることには理由があります。単純に怒って威圧し、静かにさせても意味がありません。「怒られないように静かにしよう」は学習のモチベーションではないからです。うまくアクティブ・ラーニングの活動ができない生徒が出てきたら、よく観察して原因を探しましょう。原因がわからないときは、個人的に話をして、原因を探しましょう。しかし、多くの場合、原因は先生の生徒に対する普段の姿勢にあると思います。

「ほめる」「任せる」「感謝する」「信頼する」

「Hope invites（思うは招く）」というTEDのプレゼンで一躍有名になった植松努さんのブログからです。

　　植松電機に見学に来てくれる多くの学校で、自律している生徒達は、行動もはやく、たくさんしゃべるけど、マイクのスイッチの音だけで、ぴたりと静寂します。そこには、命令も怒声もありません。目が輝いています。自分で考え、自分で行動します。やりたがりの、しりたがりです。しかし、先生が厳しく管理（支配とも思えるほど）している学校の生徒達は、行動が鈍く、無駄口や私語が多く、目もぼんやりしています。彼らは、隙があれば、先生の支配に抵抗しようとしています。だから、

「はやく歩け！」と怒鳴られたら、ますますゆっくりだらだら歩きます。彼らは「わかんなーい」を連発します。「意味なくね」「だりい」「うぜえ」「むかつく」「めんどくせ」も連発です。思考したがらず、安易に答えを求めるどころか、めんどくさいことは、誰かにやらせようとします。

これを読んで思い当たる節はありませんか？　植松さんは「自律と、管理は、おそらく相反する」と述べられています。私もまったく同じ考えです。前にも述べたように「怒られるからやる」は学習のモチベーションではありません。植松さんは、自律を育てるために大切なこととして、次の4つを挙げています。**「ほめる」「任せる」「感謝する」「信頼する」**この4つを普段からぶれずに大切にしましょう。

▶生徒に学び方を選択させる

「任せる」「信頼する」では、学習の方法を生徒に選択させてみましょう。最初は、ある活動をする時に、個人（by yourself）、ペア（in pairs）、グループ（in groups）のどれで活動したいかを選ばせます。

さらに、第3章で述べるような活動に慣れ親しんだら、どの活動で学ぶかをグループで選ばせることもできます。目標を与え、学び方を選択させます。目標に応じて、適切な学習手段を選ぶ力は、自立した学習につながります。

生徒は自分で選んだことには責任を感じて、達成させようというモチベーションが生まれます。そして、活動後、いいところを「ほめる」、さらに、共に学べたことを教師と生徒で「感謝する」雰囲気をつくりましょう。

自立した生徒は、何をすべきか考えて行動できるようになるのでふざけることはなくなります。ふざけてしまう生徒は先生に依存していることが多いのです。

アクティブ・ラーニングでは教師が「教えない」って本当？

 アクティブ・ラーニングでは先生は何も教えないの？

　アクティブ・ラーニングは、生徒同士の活動が主となるため、「教えない」授業とも呼ばれます。そのため、教えることを放棄するようなネガティブなイメージを持つ人もいます。実際、「山本先生の授業では英語を教えてくれないのですか？」と聞かれたこともあります。

　私の授業では、英語の学び方は徹底的に教えます。さらに、生徒がいかに能動的に学ぶかを考え、援助します。生徒がわからない単語に出会った時、「語義」ではなく「調べ方」を教えるのです。これまでのように「何をどの程度教えるのか」ではなく「何をどのような手段で学ばせるか」を意識して授業計画を立てることを重視しているのです。

　「教えない」授業を目指すには、知識を単に一方的に講義するのではなく、生徒が試行錯誤し、失敗を乗り越えながら問題解決をしていくアクティブ・ラーニングの活動が重要になります。これは、先生の役割を大きく変化させなければいけないということです。

 「教えない」授業とは

　現在、私は年度最後の授業を生徒に授業をしてもらうことを目指すようになりました。アクティブ・ラーニングによって、英語の「学び方」を能動的に学んできた生徒たちなので、それができるのです。生徒による授業は、「教えない」授業の目指す姿の一つです。

▶「教えない」授業を目指すには

　まず、普段からペアで教え合ったり、助け合ったりする雰囲気づくりが大切です。それには誰とでもペアワークやグループワークができる人間関係を育てていく必要があります。これらを成功させる秘訣は第2章以降で具体的に紹介していきます。

　そして、**何より大切なことは、生徒を信頼するということです**。生徒の持つ力を信じて、授業の一部から任せていき、最終的にはすべてを生徒にゆだねる。その過程で生まれる失敗を許し、見守りながら3年、6年といった長い期間をかけて自立を育てる覚悟が必要になります。

▶「教えない」授業の魔力

「もっとクラス全体が関わり、みんなを巻き込める授業にしたかった」「生徒と話しながら、生徒の反応との関わり合いで授業をすすめられればよかった」「リーディングの流れを順序よく組み立てておけばよかった。指示を明確、的確に出せるとよかった」

　これらは、中学3年生が、生徒による授業に挑戦した後に書いたものです。私たち教師にも思い当たる節はありませんか？　「教えている者が一番学んでいる」ことを我々教師はよくわかっています。中学や高校の最後の締めくくりの授業を生徒にやらせてみませんか？

　今まで学んだことを、授業として表現する生徒の姿には、教師の心を震わす魔力があります。この力は、「教え込み」型の授業では決して生まれません。

　「教えない」授業は、決して難しいことではありません。その方法を次章からご紹介していきましょう。

第2章
はじめてトライ！アクティブ・ラーニングの英語授業

はじめてのアクティブ・ラーニング授業で生徒に伝えるべきこと

 英語の授業での目指す姿とルールを伝えましょう

　アクティブ・ラーニングの授業では、生徒の10年後、20年後を見据えることが重要です。地震などの天災で、生活をゼロからスタートしなければならない時が来るかもしれません。今ある企業や職業が10年後ある保証はありません。ゼロから起業する力も必要でしょう。「大学に行けば、企業に就職でき、終身雇用してくれる」という考えはもはや崩壊しています。そんな時代を力強く生き抜く生徒を育てたいというビジョンをしっかり伝えましょう。そのために英語の授業では「自ら誰かのために動くこと」「失敗を恐れないこと」「周りに感謝すること」を大切なキーワードとして以下のルールを示しています。

Everyone should …
- ☐ listen, speak, read, write and move.
- ☐ enjoy making mistakes.
- ☐ say "Thank you" when your friends do something for you.

 Listen, speak, read, write and move.

　どのルールにも "Everyone should …" と「全員で」取り組むこと

を強調しましょう。最初のルールのポイントは英語の４技能をフル活用することを意識させること＋move「動く」ことです。グループワークなどでアイデアが行き詰まったり、英文の解釈がわからなかったりした時など、じっとしていないで、誰かにアドバイスをもらいに動いてよいということです。

　一斉授業で、静かに先生の話を聞いている雰囲気では動きづらいですが、ペアワーク、グループワークの時は自由に動き回れる雰囲気を大切にしましょう。

Enjoy making mistakes.

　何かをゼロから始めようとする時、大きな障害は「失敗を恐れる」ことです。以前は"Don't be afraid of making mistakes."と言っていましたが、失敗を次へのモチベーションにつなげるために、むしろ楽しんでしまおうと思うようになりました。

Say "Thank you" when your friends do something for you.

　感謝をする、されるということは学校生活で意外に少ないことではないでしょうか。本書で紹介するアクティブ・ラーニングの活動は「誰かのために何かをする」ことが主体的に学ぶための一つの仕掛けになっています。活動ごとに、"Thank you."を言い合い、感謝し合います。このことが、クラスを共に学ぶ集団に育てていきます。また、生徒自身もクラスを自分の居場所と感じ、自己肯定感につなげることができます。たくさんの感謝が生まれる授業をつくっていきましょう。

はじめてのアクティブ・ラーニング授業で何をする？

 今後の授業の予告編となる内容を計画しましょう

　4月、新学期のスタートの授業では先生自身の自己紹介をすることが多いでしょう。そこで、アクティブ・ラーニングの代表的な活動であるThink-pair-share、ジグソー法、ミニッツペーパーという3つの方法を使って自己紹介をするアクティブ・ラーニングの授業を計画してみましょう。**これらの活動はこれから繰り返し使われるので、今後の授業の予告編になります。**

 Think-pair-share

　これは、授業の中で繰り返し使える汎用性の高い活動です。先生の問いに対して、まずは①**自分で考えをまとめ**、②**ペアでアイデアを交換し**、③**グループやクラスでアイデアを共有する**、という流れで課題に取り組んでもらいます。ここでは以下のような問いを投げかけます。

〈問い〉

"You are going to read the teacher's (my) self introduction. In the introduction, I will tell you about 2 numbers (7 and 32) that are related to myself. What do these numbers mean?"

「これから先生の自己紹介を読んでもらいます。自己紹介の中に先生に関係する2つの数字（7と32）が出てきます。この数字は先生とどう関係しているのでしょう？」

①　まずは自分自身で考える（Think）
②　自分の考えをペアで意見交換する（Pair）
③　グループやクラスで考えを共有しさまざまな考えを知る（Share）

ジグソー法

　先生の自己紹介が書かれたものを４分割し、教室の壁、４ヵ所に貼ります。その中には、先生の名前や趣味、関連する数字（７と32）とその理由が書かれています。（ちなみに、７は学生時代のサッカー部時代の背番号。32は英語を学んでいる年数でした）

　４人組グループで分担して、それぞれ各１ヵ所の情報を読みにいき、４人全員で情報を共有し、先生の自己紹介を完成させます。ジグソーパズルのピースを集めて全体の絵を完成させるイメージです。ここで、情報を得たら必ず"Thank you."と言って感謝の気持ちを言葉にさせます。「グループのメンバーのために読む」そして、**自分の情報がグループの役に立ち感謝される経験をさせましょう。**

　中に、意図的に間違った情報を入れておけば、どの情報が間違っているかを話し合わせても面白い活動になります。後で先生が話す自己紹介を注意して聞くようになりますし、「簡単に鵜呑みにしない」クリティカルな態度を育てる入口にもなります。

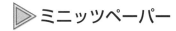ミニッツペーパー

　ミニッツペーパーとは文字どおり、数分で書ける簡単な用紙で、活動の振り返りなどでよく使われます。授業の最後の５分に付箋を渡し、感じたことを書いてもらいます。A3サイズの紙に内容を分類し、貼ります。この用紙を使って次の時間にクラスの学びを簡単に振り返り共有することができます。分類することを生徒に任せてもいいでしょう。

はじめてのアクティブ・ラーニング授業で生徒のこんな様子をチェック

 不安がある場合は申し出るように投げかけましょう

　最初の授業で、今後の予告編的な授業ができれば、生徒は今後の授業展開を予想することができます。中には、人と関わりながら集団で学んでいく授業に不安を感じる生徒もいるでしょう。コミュニケーションや人と関わることが苦手な生徒は必ずいます。

　ですから、最初の授業の終わりに、「これからコミュニケーション英語の時間は、今日のようなアクティブ・ラーニングの手法で学んでいきます。このようなやり方に不安を感じる人は、先生に相談に来てください。ミニッツペーパーに書いてもかまいません」と投げかけましょう。

一人ひとりをよく観察しましょう

「不安は話してください」と投げかけたとしても、必ずしも先生に不安を打ち明けられるとは限りません。ですから、授業中、生徒一人ひとりをよく観察しましょう。ペアワークやグループワークがうまくできない子をチェックしておきます。

　チェックした子を複数回の授業で注意深く観察します。アクティブ・ラーニングの活動を経験するにしたがって、コミュニケーション活動に慣れていけば、そのまま見守るのがいいでしょう。それでも、やはり、活動に不安を感じている生徒には教師から声がけする必要があります。

▶ 不安な生徒への声がけ

　不安を感じている生徒には直接声をかけ、相談する時間をつくりましょう。不安を聞き、理解してあげることがまず大切です。そして、**「目標に向かって、のぼり方（学習の仕方）は自分で選んでいいよ」**と伝え、一人で学ぶことも認めてあげましょう。

　ここで大切なのは、目標は同じにするということです。たとえば「教科書○○ページを意味を伝えることを意識して音読することができる」という目標で、ペアで音読を聞き合いながら練習していくとします。ここで、一人で練習してこの目標を目指すことも認めてあげるのです。生徒が一人で練習することを選び、周りと違う方法を選んでもいいということを伝えましょう。

　それでも、人と違うことをすることにも不安が生まれます。その不安にも共感し、話を聞く必要があります。どうすれば、その子が英語の授業を楽しんで受けられるか、「共に解決策を考える」という姿勢が大切です。

　さらに、目標にある「意味を伝えることを意識して」という部分に言及しましょう。英語は言葉で、コミュニケーションの手段ですから、そこには必ず話し手、聞き手が存在します。この目標を一人で達成することは難しいと感じさせることも必要です。これは、なぜ英語を学ぶのかという話にもつながっていきます。

　すぐに、生徒の気持ちを変えることは簡単ではありません。1年単位の覚悟で「考えるきっかけ」を与え続ければいいのです。そして、最後に決めるのは生徒自身であることを忘れてはいけません。

はじめてのアクティブ・ラーニング授業で必要なICT活用

  教師がICTをフル活用できるよう準備しましょう

　ICT（Information and Communication Technology）は「情報通信技術」の略です。アクティブ・ラーニングの授業では、教材をプロジェクタに映し出すことが多いので、ICT活用は必要不可欠です。

　ICT活用で大切なことは、**コンピュータやタブレット端末などを簡単に教室に持ち込める環境を整えることです**。本校の英語の先生は写真のようなワゴンに必要なものを配置し、教室に簡単に持ち込めるようにしています。本校では各教室にプロジェクタが設置されているので、ケーブルを差し込むだけでコンピュータやタブレット端末をプロジェクタで投影できるようになっています。

　ワゴンにはパソコンの他に、スピーカー、プリントなどを入れる引き出しが入っています。目標などが書かれた掲示物や付箋、文房具などもあると便利です。

　学習指導要領の総則でも、教師がコンピュータや情報通信ネットワークなどの「情報手段に加え視聴覚教材や教育機器などの教材・教具の適切な活用を図ること」と記述されています。

▷ アクティブ・ラーニング授業に使える！ iPhoneアプリ

　ここでは、授業ですぐに使える便利なアプリを紹介します。これらのアプリは、iPhoneをプロジェクタにつなげるだけで簡単に使えます。

タイマー：iPhoneの時計アプリにタイマー機能があります。活動の目安として表示したり、速読のスピードを計ったりと私が一番使うアプリです。「Bomb Timer」というアプリも盛り上がります。時間を設定すると、導火線に火が付き、時間になると爆発します。ネットにつながっていればOnline-stopwatch.comというページにさまざまなタイマーがあり、iPhoneでもパソコンでも使えます。

フラッシュカード：フラッシュカードアプリで一番使えるのは「Flashcards Deluxe」です。「Flashcards Deluxe 日本語解説」というページもあるので、使い方はすぐにわかります。とくに優れている点は音声読み上げ機能があることです。単語だけでなく、文も読んでくれます。現在、Android用も出ています。新出単語や、暗記用の構文、ディクテーション用の世界の名言などを入れています。

プレゼンテーション：「Keynote」「PowerPoint」が使えます。パソコンで作成して、iPhoneで投影することも可能です。各レッスンの絵や写真をいつでも投影できるようにしています。

その他：「語学プレーヤー」は英文や曲を読み込むと、スピードを調整することができます。「iDrum」は、リズムマシーンとして、ジャズチャンツやリズム読みに使うことができます。「TED」もアプリなら、簡単に素晴らしいプレゼンテーションを検索することができます。Surprise Meのタグをタップするとカテゴリーや時間（5分単位）でプレゼンテーションの動画を検索することができます。

否定的な生徒への対応

「先生、もっと解説してください」

　塾や予備校で教え込み型の講義形式の授業に慣れている生徒や保護者からは、効率を求めた解説中心の授業が求められるかもしれません。しかし、一見わかりやすい解説は、自分の頭で考えておらず、「わかったつもり」になってしまうことが多くあります。また、社会に出て、さまざまな困難にぶつかったとき、乗り越えるための解説をしてくれる人はいません。**生徒が10年後、20年後に社会で困難にぶつかったとき、自力で乗り越える力をつけるためのアクティブ・ラーニングであることを伝えましょう。**

　大学入試の変化もしっかり説明しましょう。2020年には大学入試センター試験が廃止され、「１点刻みの得点合否廃止」「テストの得点以外の評価軸」「英語の多方面評価」などを盛り込んだ大学入試改革が行われます。これは、入試自体を世界の入試方法に近づけ、日本の大学を世界の大学と対等に競えるレベルにするための政策です。

　世界の入試では既に次のような問題が出されています。「自分の腎臓を売ってもいいでしょうか」（ケンブリッジ大学医学）「なぜ世界政府はないのでしょうか」（オックスフォード大学哲学、政治学、経済学）などです。

　これらの質問に答えることができる生徒は、将来、答えのない壁にぶつかったとき、乗り越えるヒントを見つけられる自立した存在になるでしょう。

▷「先生、ペアワークとかめんどくさいです」

　教室にいる生徒は一人ひとり、違う性格をもち、それぞれ得意、不得意も異なります。クラス一人ひとりの特性を感じ、困ったときすぐに助け合えるよう、学習の単位をペアやグループにしているのです。一人ひとりの個性は大切です。一人ひとり違っていていいのです。違うからこそ一斉授業では一人ひとりの能力に合わせた指導ができないことを伝えましょう。

　また、一人で学ぶより、ペアやグループで学んだほうが楽しく、飽きずに取り組めることも体感させるといいでしょう。たとえば、同じ教科書の音読でも、ペアを変えて5回読むのと、一人で5回読むのとでは、どちらが飽きずにできるでしょうか。ペアを変えて教科書を5回読み合った後に、「ではこれから一人で5回読んでみましょう」と言ってみてください。そして、投げかけましょう。「一人でやりたいですか、それともペアで活動しますか」と。

▷生徒をしっかり観察しましょう

　ある企業の研修を受けた際に、グループワークの後、「山本さんの、〇時〇分の発言で、議論がいいほうに向かいましたね」とフィードバックを受けた時、そこまで細かく見てくれていたと驚きました。生徒に活動をさせている時は、生徒のいい所を見つけるチャンスです。いい所を見つけてたくさんフィードバックしましょう。アクティブ・ラーニングは放任の活動ではありません。教師も共に学ぶ活動です。

　否定的な生徒には、必ず理由があります。よく観察して、理由を見つけましょう。

第3章

さあやってみよう！
アクティブ・ラーニング

辞書指導は
自立への一歩

▶ 付箋を活用

　左の写真は、ある生徒の中学1年3学期の辞書です。付けられた付箋の数は2000を超えています。この「調べた語に付箋を付ける活動」は深谷圭助先生（現・中部大学准教授）の国語辞典の取り組みの英語版です。

　深谷先生はご自身の著書の中で、「一冊の辞書を入口として、自分で『答え』を探す面白さを知ると、子どもたちは片時も辞書を放さず、自分の興味・関心のおもむくままに、たくましく学び始めます」と述べています。

　実際、この方法を取り入れた中学1年生の中には、「辞書引きが趣味」という生徒まで現れました。辞書に愛着がわき、教室に置き忘れられる辞書もなくなりました。

　この活動を実践するには自分の辞書を購入してもらう必要があります。辞書は2000～3000円くらいなので、他の教材に比べ値段が高く感じ、全員に購入させることをためらう先生や学校もあるようです。しかし、**辞書を使うことは自立した学習への第一歩です**。一生使える学びの手段が得られると考えるとむしろ安いのではないでしょうか。

※写真の辞書提供：金澤綾音（当時、中1）

▶ 付箋の付け方

やりかたはシンプルです。調べた単語に付箋を付けていきます。付箋は、色とりどりのさまざまなデザインのものが市販されているので、お気に入りのものを準備させるとモチベーションが上がります。

付箋には図のように調べた単語と、調べた順番を書き入れます。順番がわからなくならないように、新しい付箋の束の一番上に次の番号を書いておきます。単語を書くのは、付箋が外れてしまったときに、貼り直すことができるからです。

▶ 最初の授業でたくさんの付箋を付けさせましょう

最初の授業では、「知っている単語を見つけよう」という活動をします。小学校で英語の授業が本格的に導入されればされるほど、親しんでいる英単語の数は増えていくでしょう。

apple, dog, egg … と単語に付箋を付け始めます。ワークシート（ノートでもよい）には調べた際に気づいたことをメモさせます。すると、book のようになじみのある英語に「予約する」という意味があることに気づきます。さらに、サッカーで「〈審判が〉〈反則者〉の名前を控える」という意味の発見まで広がります。サッカー好きの生徒は TV 観戦で、警告を受けた選手に booked の文字が現れるのを見たことがあるかもしれません。辞書を「読む」面白さです。

知っている単語でも知らない発見があることに気づかせましょう。最初の授業で、20〜30の付箋が辞書に付くと見栄えがしてきて、「もっと付箋を増やしたい」というモチベーションにつながっていきます。

そして最後に、「皆さんはこれだけたくさんの英単語に既に出会っています。これからは、知らない英単語にもどんどん出会って、たくさんの付箋を増やしましょう」と結びます。

語いの増やし方

 単語集にも付箋を活用

辞書を使うことが習慣になると、中学3年間で引く単語数は3000〜4000に達します。教科書や英検などで出会った単語を自然に引くだけでかなりの数の単語に親しむことができます。

高校生になると、ある程度まとまった英単語の知識を単語集などを使って体系的に学び直すことも効果的です。

この写真はある生徒の単語集のものです。辞書と同じように、わからない単語に付箋が付いています。付箋を貼った後でも単語が見えるように、細い付箋や半透明の付箋を使うとよいでしょう。

 わからないことに付箋を付ける習慣を

単語集では付箋に何も書きません。わからない単語に、本から付箋がはみ出るように付けます。本を閉じたときに、自分のわからない単語を検索し、復習しやすくするためです。

※写真:『速読英単語必修改訂第6版』(Z会出版) p.26

学習を進めていき、付箋を付けた単語がわかるようになったら、付箋が本からはみ出ないように引っ込めます。こうすれば、「わかるようになった単語」であることがわかります。再び復習をして、その単語がわからなくなってしまったら、再び付箋をはみ出させます。

　この方法は、どの教科にも使えるものです。**わからなかったら、付箋を本からはみ出して付ける。わかるようになったら、引っ込める。**試験前には、付箋の付いている項目から、効率的に学習できるようになります。その時、またわからなくなれば、付箋をはみ出させて貼ればいいのです。

　このように付箋は何度も貼り直しができるので、自分の学びの過程が目に見えてわかるようになります。

▶ わかることが増える喜びを体感させる

　教師がやみくもに知識を与え、覚えることを強要してしまったら、自立した学習者には育ちません。生徒自身が目標を感じ、それに向かって能動的に学んでいくプロセスが大切です。

　たとえば、単語集を使う一つの目的は、語いを増やして、英語の長文を読んで理解できるようになることが挙げられます。入試だけでなく、将来海外の文献を英語で読むためにはある程度の語い力が必要になります。単語数が増えれば、読める英文も増えるのですが、学習の過程では、その実感が持ちにくいのも事実です。

　付箋を付ける活動は、その努力の過程を「見える化」する作業でもあります。わかることが増えていくことを目で見て体感し、学習のモチベーションにつなげていくのです。

文法の学び方1
～生徒がつくる
ワークシート～

今までで一番のワークシート

　私が「教えない」授業を目指す前は、いかにわかりやすく、文法を解説するかをよく考えていました。板書やワークシートの工夫はかなり試行錯誤してきました。

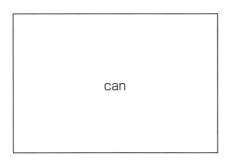

　「教えない」授業を目指すようになり、私のワークシートは左の図のようになりました。1年生の2学期に助動詞のcanが出てきたときにつくったワークシートです。

　白紙の中央にcanとだけ印刷しました。「今までで一番のワークシートができた」といってこの用紙を生徒に渡したとき、生徒たちの好奇心に火がついたのを感じました。

　ワークシートを前に、**「このレッスンで学んだcanについてわかったことを自由にまとめてください。一番よくまとまっているものを全員に印刷し、授業で使います」**と伝えます。

　ただ、いきなりまとめろと言われても最初は戸惑う生徒もいるでしょう。最近の教科書は、文法の解説のページがかなりしっかり作られています。そのページを自分なりにまとめれば、誰でもこのワークシートを完成させることはできます。そして、この時、私が選んだワークシートが右ページのものです。

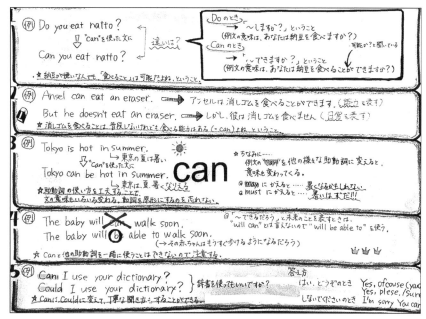

(作成者:浅倉有華:当時、中1)

　このワークシートは、授業で出てきた例文がふんだんに盛り込まれています。このように、ただ教科書や参考書の丸写しでなく、授業で学んだことや自分で調べてわかったことがまとまっているワークシートを選びます。回数を重ねるたびに、生徒は文法について能動的に学ぶようになります。ただ、生徒がつくったものなので、間違った情報やスペルミスなどは、印刷前に作成者に修正させるようにしましょう。

　慣れてきたら、つくった生徒に解説してもらうとより主体的な学びができます。教師はそれを見守り、補足する程度で、文法のまとめをすることができます。

　次のページに生徒の作品を掲載します。既に中学生は、私にはつくれないような、レベルの高い独創的なワークシートをつくる能力を持っています。

生徒たちの作成したワークシート

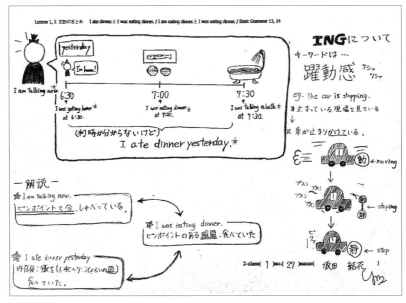

(作成者：坂田結花：当時、中1)

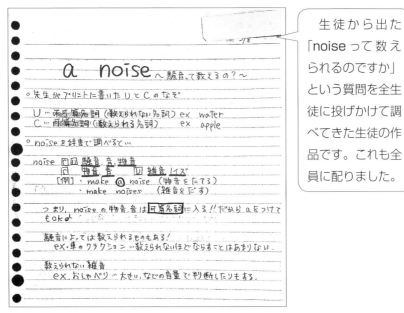

生徒から出た「noiseって数えられるのですか」という質問を全生徒に投げかけて調べてきた生徒の作品です。これも全員に配りました。

(作成者：村松結衣：当時、中1)

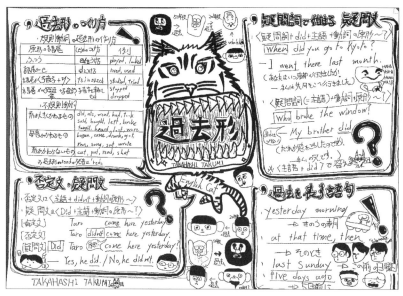

（作成者：髙橋拓海：当時、中2）

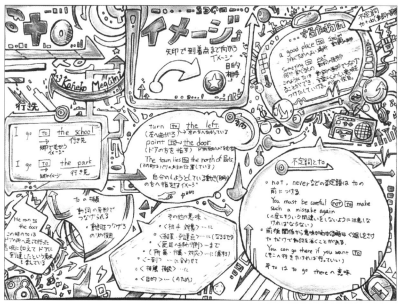

（作成者：金子愛：当時、中2）

文法の学び方2
〜たてよこドリル〜

習うより慣れるドリル活動

　私が以前勤務していた公立中学校では、障害を持った生徒も同じ教室で共に学んでいました。**「クラス全員ができるドリルはつくれないか」**と思いつくったのが『英語のたてよこドリル』（正進社）です。

　百ます計算のように縦と横を組み合わせて英文をつくっていくドリルです。縦には色分けした主語が並んでいます。その色に合わせて play / plays を選び、横にある目的語をつなげて完成します。

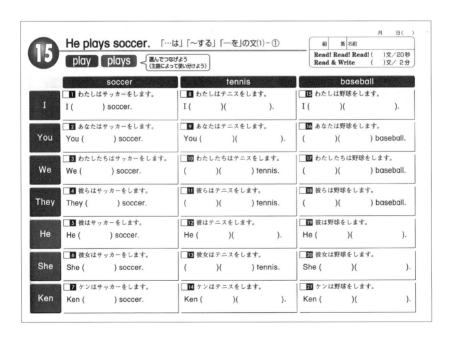

色をたよりに誰でも正しい英文をつくることができます。理解の早い生徒は、英文をつくるスピードを競わせるといいでしょう。

たてよこドリルのやり方

このドリルの使い始めは教師主導で使い方に慣れさせます。まずは、全文を教師と練習し、英文のつくり方を理解します。

〈Read! Read! Read!〉

文字どおり読んで、読んで、読みまくる活動です。20秒で何文読めるかを競います。慣れてきたら、ペアでランダムに問題を出し合います。

　生徒A: No.5
　生徒B: He plays soccer.
　生徒A: No.11
　生徒B: They play tennis.

〈Read & Write〉

これは音読しながら英文を書く活動です。たとえば1のマスには、I play soccer. と音読しながら（　　）の中に play を書き入れます。これは2分間で何文書けるかを競います。裏面にはヒントなしの空欄のワークシートがあります。その場合全文を書きます。その時、「同じ文を3回読む間に1文書きなさい」と指示すると発音が崩れず練習できます。

―――――● 「教えない」授業に近づくために ●―――――
やり方に慣れてきたら、学習するページと時間を指示し、ペアでやり方を選ばせると、自立した学習に近づきます。

発音の学び方

まずは自分で発音してみる

　小学校で英語の授業が行われるようになり、中学に入る前に基本的な英単語に親しんでいることが普通になりました。ですから、中学1年生でも単語を見て、まず自分で発音してみることは難しいことではありません。

　単語や文を音読させたい時は、**教師がモデルを示す前に、生徒自身に発音させてみましょう**。誰でも、最初から発音が正確にできるわけではありません。最初は間違えて当たり前なのです。発音をして間違える経験を積み重ね、間違いを楽しめるくらいになると、間違いを恐れず英語を話す態度を育てることができます。

Repeat after me. の持つ意味

　Enjoy making mistakes. と言っておきながら、Repeat after me. を最初にしてしまうと、生徒は間違いを恐れるようになります。Repeat after me. は「**私の言うとおりにしなさい。間違ってはいけませんよ**」と生徒には聞こえるからです。

　ですから、モデルを示すことは、生徒が発音に挑戦し、間違える経験をしてはじめて意味を持ちます。発音してみて、モデルを聞き、自分の発音の間違いに気づき修正する手順です。この手順は家庭学習にも活かすことができ、CDなどを使って自分の発音を修正していく力になります。

▶ Small Teacher

　発音練習もペアで以下のように指示し、発音をお互いに聞き合うとより効果的です。

　先生：Make pairs and do "rock-paper-scissors." And winners will become small teachers. Losers, repeat after your partners.

　生徒同士で発音を練習させる手順は以下のようになります。
ペアを組む → じゃんけんをする → 勝ったほうが先生になり英語を発音し、負けたほうが繰り返す → モデルを聞き、自分の発音を修正する

▶ 最低限の発音記号を辞書指導で教えましょう

　音声CDがない場合は、辞書で発音を知ることができます。電子辞書やWeb辞書では読み上げ機能で、聞いて発音をまねることが可能です。紙の辞書を使うことを考えると、最低限の発音記号は教えておく必要があります。教科書や辞書の発音記号の一覧表を使うとよいでしょう。とくにアクセント記号や [ai] [au] [ei] [ou] といった二重母音は大切です。辞書指導の際に、少しずつ触れるといいでしょう。

―●「教えない」授業に近づくために●―

　自分で発音を修正する精度を上げていくためには、LとRの音の違いなど生徒が気づきにくい発音については口の形や舌の位置など具体的にアドバイスし、最終的には自分で修正できるよう支援しましょう。鏡を使うとより効果的です。

ペアワークの方法

ペアのつくり方

　ペアのつくり方で悩まれている先生も多いと思います。生徒の人間関係を考慮したり、英語のできる子、できない子をペアにしたり、教師主導でペアを決めると、そのことを生徒は敏感に感じ、コンプレックスにつながることもあります。ですから、私の授業では活動ごとにペアを交代する方法を取り入れています。

　私の授業では一つの活動は数分から10分程度なので、これくらいの時間なら人間関係に関係なく取り組むことができます。活動が終わるごとに、下図のように方列ずつ席を一つ移動します。

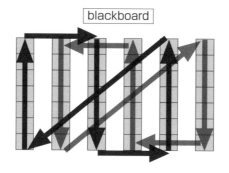

感謝することが生徒の人間関係を育てる

活動が終わるごとに次のように指示します。

　先生：OK．Stop talking, please．Say, "Thank you" to your

partners and the students on the right side, move one seat. ... Say, "Hello" to your new partners.

　大切なことは、活動の終わりに"Thank you."と感謝のことばを言うことです。学校生活の中で、「ありがとう」を言ったり、言われたりする場面は意外に少ないのではないでしょうか。
　この方法では、10回活動をすれば、10回感謝し、感謝されるのです。**感謝をされて嫌な気持ちになる生徒はいません。この経験が人間関係を育て、生徒たちがクラスを自分の居場所と感じるようになります。**

▶相手のいい所を見つける

　ペアでさまざまな活動をするときに、相手のいい所を発見するように次のように指示しましょう。

先生：Right side students, practice the speech first. The students on the left side, listen to your partners' speech and find 3 good points. After the speech, left side students will make positive comments about the speech.

　パートナーにいい所を言われて嫌な思いをすることはありません。全員が笑顔になれ、自己肯定感を感じる瞬間です。

──────●「教えない」授業に近づくために●──────
　席の移動は始めは機械的に行い、最終的には自由にパートナーを変えられるようになるのが理想です。慣れるまで粘り強く見守りましょう。

第3章　さあやってみよう！　アクティブ・ラーニング

グループワークの方法

グループのつくり方

　グループもペアと同じで、固定させないほうがクラスの人間関係を育てていきます。ペアを変えながら活動する中で、small group（4人）、large group（6人）といったグループをつくって活動します。座席移動で、席が固定されていないので、グループも流動的なメンバーになります。活動ごとに違うメンバーで取り組むことはクラスの人間関係を育てます。グループワークでもペアワークと同じように感謝することを忘れないよう助言しましょう。

グループ内の役割

　グループでディスカッションなどをさせるとき、司会（chair person）や記録者（note taker）などを明確に役割分担させるとスムーズに活動できます。しかし、自立した学習者を育てるためには、どのような役割が必要なのか、グループ内で考えさせることが大切です。

　私の授業では記録者（note taker）だけを決めます。じゃんけんで勝った生徒が記録者になり、議論をノートに記録します。議論が終わったら、次のように指示し、グループ替えをします。

　　先生：OK. Stop talking. Only the note takers can stay in the
　　　　　groups. The other members should change groups.

新たなグループになったら、次のように指示し、記録者は前のグループでのディスカッションを報告します。

　　先生：Note takers, please confirm the previous discussion for 1 minute.

　記録者は、"In the previous group, we talked about ... . In the discussion Mr. ○○ said, '...' but ..." といった具合に振り返ります。
　このような振り返る活動（confirmation）は、議論をよりよくしていくために大切なステップです。この報告のために、記録者は議論を促すようになります。発言を求める、"What do you think, Mr. ○○?" といった表現は普段から先生が使うようにしておくと、生徒はすぐに取り入れられるようになります。
　報告が終われば、記録者は交代です。このように同じ議論を、グループを変えて複数回行うことによって、自然に議論は活発になります。たとえ失敗しても "Enjoy making mistakes." の精神で、次の活動に生かすことができるようになります。**うまく意見を言えなかった生徒も、うまく言えている生徒の表現を取り入れ、少しずつ意見を言えるようになってきます。**

●「教えない」授業に近づくために●

　よりよいグループ活動に発展させるために、生徒の様子をよく観察し、よかった所を活動後にフィードバックしましょう。とくに、①全員が話す工夫、②独自の役割分担、③議論をメモする工夫などを伝えましょう。

第3章　さあやってみよう！　アクティブ・ラーニング

Think-Pair-Share

Think-Pair-Share

　教師の発問に対して、まずは自分で考え（Think）、考えをペアで伝え合い（Pair）、最後にグループやクラスで考えを発表し合い共有し（Share）、考えを深めていく手法です。

　たとえば、教科書の本文の内容の問いを教師がクラスに投げかけたとします。その答えを指名した生徒が答え、次の質問に進んでいくという光景はよくあります。しかし、この場合、質問に対して能動的な学習ができているのは、指名された生徒だけです。

　また、日本人は人前で意見を言うのが苦手とされています。Think-Pair-Share では一度ペアで意見交換するので、クラス全員が活動し、クラスで発言する前に、自分の解答を修正することも可能です。**とくに大人数の教室の場合、Think-Pair-Share は有効なアクティブ・ラーニングの手法です。**

一人だけ指名すると　　　　　　　ペア活動にすると
他の生徒はつまらなそう。　　　　全員が生き生きやりとり。

▷ Think-Pair-Share の方法

① 教員が問いを投げかけます。
　例　What do you think of ○○'s opinion on p.○○?
② 個人で問いの答えを考えます。
　例　Write your answers on your notebook (by yourself).
③ ペアで意見交換します。
　例　Talk about the answers in pairs.
　※ここで、答えが違っていた場合は"Why do you think so?"と根拠を聞くように促します。また、2人の意見を合わせてよりよい答えを出すこともできるでしょう。
④ グループやクラスで話し合った内容を発表します。

▷ Think-Pair-Share を使うと効果的な活動

　Think-Pair-Share は汎用性の高い活動ですが、とくに以下の活動で導入すると意見が活発になります。
① What did you do yesterday? といったウォームアップの small talk
② 教科書の内容の Q & A
③ ディスカッションやディベートの導入
④ テスト問題、入試問題などの解答づくり（日本語で）

───●「教えない」授業に近づくために●───

　グループワークなどで自由に議論するときに、いきなり話し始めるのではなく、Think-Pair-Share の手法を自分たちでも取り入れられるよう助言していきましょう。

ジグソー法1
～中1など入門期に～

ジグソー法とは

　ジグソー法はカリフォルニア大学サンタ・クルーズ校の名誉教授エリオット・アロンソンによって編み出された学習方法です。グループのメンバーがそれぞれ異なった情報を持ち寄り、ジグソーパズルのように組み合わせると全体像が見えてくる仕掛けになっています。生徒は、それぞれ異なった情報を持っているので、ジグソー法ではそれぞれの生徒をエキスパート（専門家）と呼びます。

　本書では第2章の37ページで自己紹介をジグソー法で読み進める方法を提案しました。ここでは、学び始めの入門期で使えるジグソー法の活動を紹介します。

町にある英語を探せ

　今や町には、英語で書かれた看板が溢れています。そこで次のページにあるような町中で見られる英語の看板をカードにして、教室中に貼り、グループで分担してどんな英語の看板があるかを調べていく活動です。

① 上記のような看板のコピーを4つのコーナーに分けて教室の壁に貼ります。（1ヵ所に5つくらい貼りましょう）
② 4人組のグループで、どの場所の看板を探しにいくかを分担し、見に行かせます。
③ 看板のつづりを覚えて、机上のワークシートに記入させます。
　※ワークシートは机上に置かせるのがポイントです。つづりを暗記して戻って書きます。ただし、何度見に行ってもいいことにします。
④ それぞれのエキスパートに、情報を班員に口頭で伝えさせます。
⑤ 情報が集まったら、貼ってある看板をアルファベット順に並べて整理させましょう。

　この活動を通して、**なぜアルファベットを正確に発音できなければならないのか。なぜアルファベットの順番を覚えなければならないのかを実感させることができます。**

――――――● 「教えない」授業に近づくために ●――――――

「アルファベットを覚えなさい」と言えばたいていの生徒は、覚える努力を何の疑いもなくするでしょう。しかし、主体的な学びをさせるには、どんな活動も目的をはっきりさせることが重要です。

第3章　さあやってみよう！　アクティブ・ラーニング

ジグソー法2
〜リーディングなどの
活動に〜

▶ ジグソー法で教科書本文を読み進める

　ここでは教科書本文を四つに分け、それぞれ教室の四隅に貼り、分担して読み進める活動を紹介します。

〈準備するワークシート〉

(1)四つに分けた本文　　(2)教科書本文の絵（表）　(3)要約記入用（裏）

 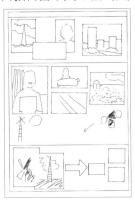 

〈授業での手順〉

① 　教室の四隅に、(1)のカードを貼ります。
② 　生徒は(2)のワークシートを使い、どのような話か Think-Pair-Share の手法で推測します。
③ 　生徒は4人グループで、分担し、どの英文を読むかを決めます。
④ 　読んでわかった内容を机上の(3)のワークシートに記入します。

⑤ それぞれのエキスパートが情報を班員に伝え、全体の話を理解します。

　このように「班員に伝えること」が「読む」動機の一つになります。ALTの先生がTTで入っている場合は、情報の一つを読み上げてもらうと、リスニングの技能も育てることができます。
　早く読み終わった生徒には、他の情報も積極的に読むように促します。**読むのが遅い生徒がいても時間で区切ることが大切です**。読み終わらない場合は、⑤の情報共有の時間に、他の班の所に行き（moveのルール）、情報を得るように促します。
　読むスピードは一人ひとり違っていていいのです。しかし、得られる情報はスピードに関わらずどれも大切なものです。

ジグソー法で文法問題の答え合わせ

　文法問題などの答え合わせでもジグソー法は活用できます。問題の解答と解説を大問ごとに貼り、班で分担し、自分の答え合わせをさせます。情報交換で班員に解説できるよう解説もよく読み、わからなければ教師の援助を受けるようにします。

―――――●「教えない」授業に近づくために●―――――
　誰かのために行動し、感謝されることは協調性、社会性を育て、自立した学習者を育てることができます。

ポスターツアー

ポスターツアーとは

　ここでいうポスターとは学んだことを模造紙など大きめの紙にまとめたものを指します。教室内にポスターを貼り、グループで見て回ります。これをツアーといいます。自分の作成したポスターをエキスパートとして班員に説明していく活動になります。

ジグソー法からポスターツアーへ

　「ジグソー法2～リーディングなどの活動に～」の活動の後にやるポスターツアーを紹介します。ジグソー法で教科書本文を四つに分けたものを班員はそれぞれ読み、それぞれのエキスパートになっています。わかったことをポスターにまとめ、ツアー時にエキスパートとして、班員に説明する活動です。

　ポスター化することにより、読んだ内容をイメージ化することができ、さらに他人に説明することによって、深い理解へとつながることが期待できます。

ポスターツアーの手順

① 　ジグソー法で得た情報をポスター（A3サイズ）にまとめます。この時、ポスターには文字情報は極力少なくさせます。書いたとしても、

キーワード1～2語程度にします。
② 教室の4ヵ所にポスターを貼ります。同じ項目のポスターを貼るようにします。自分の作品が不十分な場合、他の人がつくったポスターを利用して説明してもいいことにします。
③ ツアーを開始します。自分の担当箇所に来たら、エキスパートとして学んだことを英語で説明します。
④ 4ヵ所を回って、本文の全体像を理解します。

　ジグソー法やポスターツアーでは**自分の担当箇所を「誰かに伝えるために」深く読むことができます**。この「深く読む経験」は、自分一人で読む時にも役立ちます。この活動の後に、一人で黙読したり、音読させる時間を持ちましょう。全体像がつながる瞬間は、読む楽しさを知る瞬間でもあります。

―――――●「教えない」授業に近づくために●―――――
　宿題などで自由課題を出す時は、ポスターにすると、ポスターツアーを行うことができます。自由課題は自分の好きなことを調べるので、意欲的に説明し合い、教え合う授業ができます。

「問い」から始まる授業

 他教科から学んだ「問い」

　山藤旅聞先生（生物科）の授業は、「問い」から始まります。それも「食べた後すぐ走ったらお腹が痛くなった。この時の神経の働きはどうなっている？」といった日常生活につながり、しかも答えがすぐに出てこないようなオープンクエスチョンです。生徒はこの「問い」の答えを考えながら能動的に授業を受けていました。この考えを英語の授業に応用してみました。

 教科書の内容からオープンクエスチョンをつくりましょう

　たとえば、マンデラ大統領がラグビーワールドカップを利用して国民の意識を変える話が出てくるレッスンでは、"What do you want to change to make the world a better place?"という「問い」をつくりました。授業の冒頭で、この「問い」を投げかけ、この答えを考えながら授業を受けていきます。

　この「問い」に答えることは、授業の目標の一つになります。授業の目当てとして、このレッスンを学んでいる間は黒板に掲示して、常に意識させます。

　レッスンの終わりに、各自、レッスンで学んだことの要約と「問い」の答えを英語で発表する活動（Oral Presentation）をしてレッスンのアウトプットを評価する流れです。

この時の生徒たちが取り上げた「私の変えたいもの」には以下のようなものがありました。

　真実を話すことで世界を変える・教育システムを変える・ミドリムシで新たなエネルギー・電気の節約・子どもたちの命を救う・スマートフォン問題・橋を使った発電・世界の貧困問題・他者を考えること・学校に行けない子どもたち・途上国の教育・病気の子どもを救う・思いやりを育てる・地球温暖化・水の使い方・世界の食糧問題・喫煙問題・国境なき医師団・行動を起こす大切さ・新しいことに挑戦すること・人種差別について・宗教の統一・ゴミ問題・平和教育の重要性・浮き草の利用・身近なことから世界を変える・伝えることで変える・笑顔で世界を変える　etc…

　発表を聞きながら、改めて生徒の多様性と想像力に驚きました。

▶「問い」の例

これまで授業で使った「問い」の例を紹介します。
- ☐　What do you want to change to make the world a better place?
- ☐　Should Japan introduce direct election of Prime Minister?
- ☐　Do you think Christian was really happy to spend his life in London?（クリスチャンはロンドンで育てられたライオン）
- ☐　What will you do to achieve Yamaguchi's dream?（山口さんは広島、長崎で原爆により二重被爆をした人）
- ☐　What can you make from the ideas in nature?
- ☐　What did you learn from Steve Job's speech?

―――――●「教えない」授業に近づくために●―――――
　主体的な学びができるように、答えがすぐに出ないオープンクエスチョンを考えましょう。

Question Making

生徒による「問い」づくり

　ここでは、教科書の内容の理解を深めるために、生徒が自分で「問い」をつくる活動を紹介します。「問い」から始まる授業に慣れていくと生徒は「問い」に対して敏感になります。どのような「問い」が面白いか、能動的になれるかを感じるようになるのです。

　また、学年が進むにつれて、授業やテストで「問われる」経験も増えていきます。生徒はこれらの経験をもとに、自ら「問い」を立てることもできるようになります。

Question Making の方法

〈必要なもの〉　A3サイズのコピー用紙（または模造紙）、付箋

1　「問い」づくり

　まず、これから学習する教科書本文を、ペアで音読したりしながら、大まかな意味を確認します。次に4人グループをつくり、「問い」づくりを始めます。思いつくだけ、できるだけたくさんの「問い」を付箋に書き、コピー用紙に貼っていきます。

　いきなり、「問い」を立てろと言われても、最初は戸惑うかもしれま

せん。まず、大切なのは、生徒自身が持っているさまざまな場面で「問われた経験」です。どんな「問い」があったのかを思い出させましょう。

次に、生徒から出てきた質問を使って、「問い」の種類を分類してみましょう。分類すると以下のようになります。

① 単語や文の意味を問うもの
② 文法の知識を問うもの
③ 教科書の内容を問うもの
④ 教科書の内容から発展したオープンクエスチョン

分類の例をあげたら、生徒自身で「問い」を分類させましょう。

2 「問い」の交換

グループで「問い」を完成させたら、近くのグループと「問い」の貼られた用紙を交換します。グループで「問い」を一つ選び、答えを考えます。答えは、付箋に書き、「問い」の下に貼ります。一つの「問い」に答えることができたら、また別のグループと用紙を交換します。

このように、「問い」を一つずつ答えながら、用紙を交換していきます。活動の中で、「問い」の意図や解答がわからない場合は、作成者にアドバイスをもらいに行くことができます。

Question Making は回を重ねるごとに、さまざまな「問い」がみられるようになります。今では、私がつくる問いの 8 割は、生徒も考えることができるようになりました。2 割は、私が考えつかない質問です。

── ●「教えない」授業に近づくために● ──
いい質問の付箋をはがして、1 枚の紙にまとめるなどしてフィードバックすると、次回の「問い」づくりに生かすようになります。

サイトトランスレーションの利用

サイトトランスレーション
（Sight Translation）とは

英文を意味の固まりごとにスラッシュ（/）を入れ、改行したワークシートです（以下STシート）。STシートは教科書の意味の確認や、音読のトレーニングに使うことができます。写真(2)のように折って、最初の数語をたよりに、英文を言うトレーニングにも使えます。

(1) STシート　　　　(2) STシートの折り方

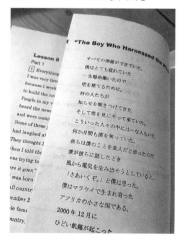

STシートを使ったペアワーク

〈Small Teacher〉

　ペアでじゃんけんをし、勝ったほうが英文を行ごとに読みます。負け

出典：啓林館、平成27年度版『Element English Communication I』Lesson 8 より。

たほうは ST シートを見ずにリピートします。発音のわからない単語があっても推測して読みます。―Enjoy making mistakes. です。

〈発音の修正〉

　モデルの CD を聞き、行ごとにリピートします。この時、発音の修正をします。

〈意味の確認〉

　意味がよくわからない英文について、日本語訳を参考にしながら、単語の意味や文構造を確認します。中学段階では、教師の解説が必要です。高校ではペアで確認し合う段階を経てから解説しましょう。

〈クイックレスポンス〉

　英語→日本語　じゃんけんで勝ったほうが ST シートの英語を行ごとに読みます。負けたほうは素早く日本語に直します。この時、できるだけ ST シートを見ないで日本語を言うようにします。

　日本語→英語　じゃんけんで勝ったほうが ST シートの日本語を行ごとに言います。負けたほうは、それを英語に直します。英語を言うときは顔を上げてパートナーを見て言うようにします。写真②のように ST シートを最初の数語のみ見えるように折って使うと、暗唱につながります。勝ったほうは ST シートとパートナーをよく見て、パートナーに適宜ヒントを与え、援助します。クイックレスポンスは文字どおり、あまり考えず素早く言い合うことが大切です。

〈音読トレーニングで意味のイメージ化〉

　意味がよくわかった段階で、音読やシャドーイングを繰り返します。その時、意味を頭の中で映像化することをアドバイスしましょう。

●「教えない」授業に近づくために●

　復習では、ST シートを使い、トレーニング法をペアで選択して練習させると自立した学習につながります。

音読指導

何のための音読か

音読はただ「読みなさい」と指示するだけでは、意味の伴わない音読になってしまう場合があります。**音読する際は、必ず意味を頭の中で映像化し、イメージを持つことが大切です**。イメージを持つには、Picture Drawing（p.80）が効果的なトレーニングです。

また、ペアで音読を聞き合うことも大切です。一人で音読させるより2倍の時間がかかりますが、「聞き手」がいることにより、音読が「伝える読み方」に変わってきます。

活動をさせる前に、「このページで作者が言いたいことは何でしょうか。音読後に話し合ってもらいます」と言えば、さらに意味に注目することができるでしょう。

音読の活動は、スピーチやディベートなどで意見を言う活動の基礎になります。音読する際は、教科書を手に持たせ、姿勢に気をつけさせましょう。

ペアで飽きずに何度も音読させる工夫

〈リレーリーディング　Reading Relay〉

　ペアやグループで、英文を1文ずつ交互に読んでいく活動です。スピードを競わせると盛り上がります。

〈リーディングレース　Reading Race〉

　英文を読むスピードをペアやグループで競います。教科や ST シートを利用して行います。読み終わったら、美しい笑み（with a beautiful smile）で相手を待つように指示します。読み終わった時、顔を上げて、相手の「美しい笑み」を見たら負けになります。

〈シャドーイングチェック　Shadowing Check〉

　シャドーイングは CD の音声が聞こえたら2〜3語遅れて、CD のまねをしながら音読する方法です。「パートナーがどれくらい CD のように読めているかチェックしましょう」と指示を出して始めます。

〈リードアンドルックアップ　Read & Look up〉

　ST シートを使い、以下のようにペアで行います。

　　生徒 A：Read.
　　生徒 B：(ST シートにの英文1行を目で覚える)
　　生徒 A：Look up.（相手と目が合ったら）Say.
　　生徒 A：One day he went to ...（覚えた英語を顔を上げて言う）

　Read & Look up は慣れるまでは、教師対クラスで行います。生徒がやり方を理解したら、ペアやグループで取り組ませましょう。

―――――●「教えない」授業に近づくために●―――――

　音読の方法にもこのようにさまざまな方法があります。それぞれの方法に慣れ親しんだら、音読練習の方法をペアで決めて活動させると自立した学習になります。

クレジットロール リーディング （字幕読み）

クレジットロールリーディングとは

　クレジットロール（credits roll）とは映画の最後に、監督や出演者、スタッフの一覧が表示されるものです。PowerPointやKeynoteでテキストボックスがクレジットロールのような動きをするようにアニメーションを設定します。テキストボックスの中に、読ませたい英文を入力すれば素材の完成になります。生徒はスクリーンに現れた英文が、画面から消える前に音読します。

クレジットロールのつくり方（PowerPoint）

① 　図のようにテキストボックスに読ませたい英文を入力し、画面の下に移動させ、最初の数行が見えるように配置します。

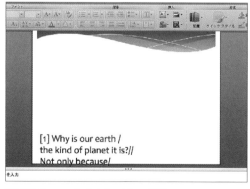

画面はPower Point for Mac 2011

② アニメーション機能で、テキストボックスを選択し、終了効果からスライドアウトを選択します。効果オプションで移動の方向を「上へ」を選択し、継続時間を設定すれば完成です。

設定時間はテキストボックスが画面から消えるまでの時間なので、英文の量によって調整します。最大の59秒に設定すれば約1分間で読む量になり、WPM（word per minute：1分間に読む単語の数）を意識することができます。このテキストボックスに100語の英文を入力すれば、WPMは100となります。

▷クレジットロールリーディングのやり方

まずはクレジットロールの動きに合わせて音読することに慣れさせましょう。慣れてきたら、ペアで1文ずつリレー形式で音読させると、協調性が生まれます。ペアやグループで、交代してほしいタイミングでハイタッチする方法も盛り上がります。

クレジットロールリーディングは、スピードに熱中するあまり、意味が伴わない音読になってしまう可能性があります。音読指導（p.76）で述べた**「何のための音読か」**を意識させましょう。

――●「教えない」授業に近づくために●――

ファイルを Dropbox などで生徒と共有すると、家庭学習でもクレジットロールリーディングに取り組めます。

Picture Drawing

Picture Drawing とは

　文字どおり、英語を聞いたり、読んだりしてわかったことを絵に描いて表わし、イメージ化するトレーニングです。**英文を日本語を介さずに理解することは速読につながります。**音読練習などで、イメージ化することに慣れていれば、比較的短時間で絵に表現できるようになります。

Picture Drawing の方法

〈Read & Draw〉
　読んでわかったことを絵で表わす活動です。描いた絵を使って、わかったことをパートナーに伝えることを指示しておけば、説明することを意識して絵を描くことができます。絵の中には、文字情報は極力入れさせないようにし、入れる場合はキーワード程度にとどめさせましょう。絵を描く時間は 3 分程度で、時間になれば活動を終わらせ、パートナーに絵を説明する活動に移りましょう。

〈Listen & Draw〉
　Read & Draw でイメージを表現したら、Listen & Draw（英文を聞いて、絵にする活動）に挑戦させましょう。聞きながら描くのにはスピードが求められるので、絵は簡略化させます。それでも、ノーマルスピードと同時に絵を描くのは簡単ではありません。

(作成者：芦田星：当時、高2)

　最初は、1文ごとにポーズ（一時停止）させたり、語学プレーヤーなどのアプリで英文のスピードを遅くしたりすると取り組みやすいと思います。徐々にスピードをノーマルスピードに近づけながら何度も絵を描きます。時に、ノートを交換させ、友だちのノートに描くと、緊張感が出てきます。

―――●「教えない」授業に近づくために●―――
　いい作品は写真に撮り、スクリーンで共有しましょう。絵を描くのが苦手な生徒は、それをコピーしながら、表現の方法を学んでいきます。

Oral Presentation

Oral Presentation とは

　本校では、教科書の絵を使って、学んだ内容を英語で発表する活動をOral Presentation と呼んでいます。教科書の Retelling や Reproduction と呼ばれることもあります。

　レッスンの終わりに Oral Presentation を置いているので、生徒はOral Presentation を目標の一つとして学んでいきます。中学時代は教科書の内容を話すことを重視し、高校になるにしたがって、Big Question の答えなど「自分の意見」を言うことに重きを置いていきます。

　中1では、本文の内容に自分の意見1文、聞き手への質問1つくらいを目安にしています。中2ではディスカッションを意識し、"In the story, ○○ said, '...', but I think ..." といった議論に使える表現を導入していきます。中3では、教科書の内容と自分の意見を同量言えることを目標にしています。高校生は、自分の意見を言うことに重きを置き、自分の意見に関連した教科書の内容を引用できることを目標にしています。

　高校になるにしたがって、ただ教科書を要約することより、自分の意見を論理的に話すことに重点が置かれます。 ただし、授業では、絵を使って教科書の内容を正確に話すトレーニングは欠かせません。

Oral Presentation の評価シート例

Oral Presentation Lesson 4　　　　2-class____ no._____ name_____

Attitude(態度) -eye contact/posture/volume/visual aids

5	アイコンタクト、姿勢、声の大きさ、ビジュアルエイズ（写真、絵、表）の使い方に十分満足できる。 ☐Establishes eye contact with everyone in the room during the speech　☐Stands up straight, looks relaxed and confident ☐Volume is loud enough to be heard by all audience members throughout the speech ☐Visual aids supported the presentation effectively.
3	アイコンタクト、姿勢、声の大きさ、ビジュアルエイズ（写真、絵、表）の使い方におおむね満足できる。 ☐Sometimes fails with eye contact.　☐ Sometimes stands up straight. ☐Volume is basically loud enough to be heard by all audience members.　☐Visual aids were occasionally used.
1	アイコンタクト、姿勢、声の大きさ、ビジュアルエイズ（写真、絵、表）の使い方に不十分な点がある。 ☐Eye contact is hardly seen.　☐Sometimes stands up straight. ☐Volume is often too soft to be heard and listener effort is needed.　☐No visual aids were used.

Speaking (話す力)

① 教科書の内容・描写力　explanation/description/fluency

5	教科書（絵、写真）の内容を説明し、自然なスピード、リズム、イントネーションで話している。 ☐Explains or quotes the story of the textbook in order to support his/her opinion. ☐The speech is clear with generally well-paced flow. ☐It may include minor lapses or minor difficulties with pronunciation or intonation patterns that do not affect overall intelligibility.
3	教科書（絵、写真）の内容を説明し、理解できるスピード、リズム、イントネーションで話している。 ☐Explains or quotes the story of the textbook concluding extra information. ☐The speech is basically intelligible, though listener effort may be needed because of unclear articulation, awkward intonation, or choppy rhythm/pace; meaning may be obscured in places.
1	教科書（絵、写真）を説明する上で重要な情報が欠けている、またはスピード、リズム、イントネーションに課題がある。 ☐Does not explain or quote the story of the textbook enough. ☐The speech is often unintelligible, because delivery is choppy, fragmented, or telegraphic; there may be long pauses and frequent hesitations.

② 自己表現　　opinion

5	題材を十分理解し、自分の意見とその理由・説明をまとまった英語で十分に述べている。 ☐Shows full understanding of the topic with explanations. ☐The speaker's opinion is supported with reasons and examples. Relationships between ideas are clear.
3	題材に関連した自分の意見とその理由・説明を述べているが[題材理解・情報量・内容・論理性]にやや不足がある。 ☐Is uncomfortable with information. ☐The speech states an opinion but support for the opinion is missing, unintelligible, or incoherent.
1	自分の意見は伝えているが、題材理解が不十分で、意見の理由・説明がない。または説明になっていない。 ☐Does not seem to understand the topic very well. ☐The speech fails to state an intelligible opinion as required.

Advice

[　]発音[f/v/r/l/th/sh/その他]☐intonation・強弱・リズムに[多くの誤り/やや誤り/一部誤り]が見られます。音読などで CD を使ったり、鏡を見て口の形を意識したりできると発音が向上します。

[　]自分の表現を書くときは、モデルになるものを多く取り入れるといいでしょう。Point by Point や教科書、ワークなどの表現をどんどん使ってください。

[　]内容にややまとまりがありません。文と文の関連性を意識しましょう。また、意見を述べるときは、理由をしっかり述べることも大切です。

[　]いくつかの意見を列挙するときは、接続詞やナンバリング（First, … Second, …）を上手にしましょう。

Reflection(about Oral Presentation)

　英語係に提出

The things that I did well on the oral presentation.

The things that that I want to try/change next time.

Paper-go-around

Paper-go-around とは

　文法問題など、一問一答形式の問題を解くときに有効な方法です。20問ほど問題が書かれたワークシートから、自分のできる問題を一つ選び解答を記入し、クラスの誰かとワークシートを交換します。そして、交換したワークシートの中から、再び自分のできる問題を選び解答を記入し、別の人とワークシートを交換します。このように、ワークシートがクラス中をぐるぐる周りながら、**クラスの力でワークシートを完成させる**活動です。

Paper-go-around のワークシートのつくり方

A. Choose the correct words for each.

(1) She kept ＿＿＿ about her son's future.
　　　　　　　　　　　　　　　　　　　[written by　　checked by　　]
　1 think　　2 thinking　　3 thought　　4 to think　(p.62)

(2) The comedian seems ＿＿＿ by most people.
　　　　　　　　　　　　　　　　　　　[w by　　c by　　]
　1 forget　　2 forgetting　　3 forgotten　　4 to forget　(p.62)

(3) You hear the sirens ＿＿＿.
　　　　　　　　　　　　　　　　　　　[w by　　c by　　]
　1 come　　2 coming　　3 be come　　4 comes　(p.62)

このような選択問題や語順整序問題を20問ほどつくります。（　　）内のページ数は、問題で使われている例文が教科書のどこに書かれているかを示しています。解答がわからない場合は教科書を見て、解答を考えます。選んだ問題を解いたら［written by　　］のところに自分の名前を書き、ワークシートを交換します。

　交換したワークシートでは、まず前の人の解答が正しいかをチェックします。教科書のページを参照して、解答を確認します。間違っていたら、解答をカラーペンで修正します。チェックが終わったら［checked by　　］のところに自分の名前を記入し、別の問題に取り組みます。この要領で時間内に、たくさんの人とワークシートを交換し、たくさんの問題に挑戦します。

　この活動のいい所は、**自分のできる問題から取り組める所です**。また、**友だちの解答から学ぶこともできるので、解答できる問題も増えていきます**。

一人で解き直すことで理解を深める

　Paper-go-around に取り組んだ後、自力で同じ問題に取り組ませます。活動後に、自力で取り組むことを生徒は理解しているので、Paper-go-around では、すべての問題に挑戦しようとし、決して同じ問題ばかりに取り組む生徒はいません。この自力で取り組む時間は、生徒が自分の理解度を確認する時間になるのです。

――――●「教えない」授業に近づくために●――――
　解き直しの時間を設定することにより、しっかり理解を深めたいと思う生徒は、Paper-go-around でわからない問題がある時に、**生徒同士質問し合うようになります**。

調べ学習で
コンピュータを使う時

コンピュータを使わせることの問題点

　コンピュータ教室は今やどの学校でも見られるようになり、一人一台のコンピュータを使うことは珍しいことではありません。

　しかし、一人一台のコンピュータで調べ学習などをさせると、さまざまな問題も生じます。関係ないページを見たり、ゲームを始めてしまったり、時に先生はこのような生徒の対応に追われてしまいます。

　全員で能動的にコンピュータを使う方法はないかと悩んでいたとき、TEDでSugata Mitraさんというインド人の教育者の取り組みを目にしました。「自己学習にまつわる新しい試み」というプレゼンです。

壁の中のコンピュータ

　Sugata Mitraさんは、ニューデリーのスラム街である実験をしました。その実験は、コンピュータを町の壁の高さ1メートルの所にインターネット高速回線につないで埋め込んで自由に使えるようにするとどのようなことが起きるかを観察するものでした。

　ここの子どもたちは学校に通えないので英語を話せませんし、コンピュータを見たこともなくインターネットなど知りもしません。しかし、この1台のコンピュータを使い始めたのは子どもたちでした。使い方を学んだら、別の子に使い方を教え、瞬く間に町中の子どもたちがコンピュータを使えるようになったというのです。

▶ 複数の生徒で1台のコンピュータを使う

　このプレゼンを見て、コンピュータで調べ学習をさせる時は、ペアやグループで1台のコンピュータを使わせるようにしました。この方法は一見、非効率なように思えますが、**複数で1台のコンピュータを使うことで、画面を元に、会話や議論が生まれ、能動的な活動になっていきました。**

▶ 世界一を見つけて、発表しよう

　中学2年で比較の学習をしている時に、コンピュータ教室で次のような授業をしました。4人組で1台のコンピュータを使い、「世界一」のものを探し、授業の最後に30秒で発表するというものです。発表の時間だけを伝え、あとは生徒がインターネットで世界一を検索しながら議論を深めていました。

　世界一長い髪の毛、世界一長い駅名などさまざまな世界一を英語で発表し能動的な学習ができました。

●「教えない」授業に近づくために●

　コンピュータは自学のツールとしてはとても優れたものです。基礎的な知識は家庭でコンピュータを使って学習し、ディスカッションやディベートなどの発展的な学習を学校で行う「反転授業」の手法もますます普及していくでしょう。教師もコンピュータの使い方に十分に慣れ、授業で活用できるようにする必要があります。

ミニッツペーパーの利用

ミニッツペーパーとは

　文字どおり、数分で簡単に書ける用紙のことです。大学などでは、毎回の授業の時に学生に授業のポイントや疑問点、理解度、評価などをミニッツペーパーに記入してもらい、次の授業に活かしていくという流れで使われているようです。

　私の授業では最後に付箋を渡し、授業での疑問点、発見、感想などを書いてもらい1枚の紙にまとめ、次の授業に活かすようにしています。

付箋を利用した振り返り

　レッスンや授業の終わりに、一人1枚付箋を渡します。付箋には、①授業で発見したこと、②授業でわかるようになったこと、③授業で疑問に思ったこと、わからなかったこと、④授業の感想のどれかを記入してもらいます。

　付箋に書ける量は限られているので、1分程度で簡単に書かせ、集めます。

　集めた付箋をA3サイズの紙に貼り、後にカテゴリーごとに付箋を貼り直して図のようにまとめます。

　付箋のいいところは、このような分類が容易にできることです。同じ項目を集めて分類するとクラスの学びがよくわかります。疑問に思ったこと、わからなかったことについては、共通するものが多ければ、次の

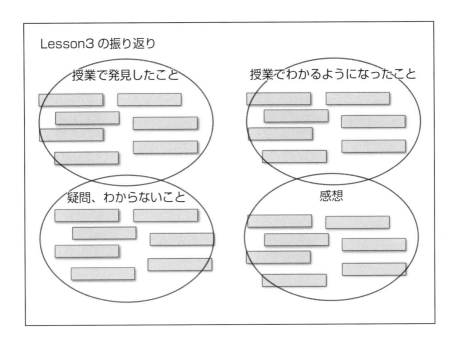

授業で再び生徒に投げかけることができます。

　疑問に思ったこと、わからなかったことについては、いきなり教師が解説するのではなく、まずはクラスに投げかけ、自分たちで考えさせるステップが重要です。

───● 「教えない」授業に近づくために ●───

　集まったミニッツペーパーを生徒に分類させるとより主体的な学びになります。担当生徒に白紙を渡し、「今日は付箋を○○さんに提出してください」と指示し、次の時間までにマッピングをお願いするとよいでしょう。

リフレクションシート

リフレクションシートとは

　リフレクションシートはミニッツペーパーと同様に活動の振り返りをするためのものです。ミニッツペーパーでは、付箋を利用し、簡単に書けるものにしましたが、リフレクションシートはもう少し文章で書けるようにA4サイズの紙にしました。

　私の授業では学期ごとにリフレクションシートを書いています。以前は、たくさんの項目を並べ、何ができていないかをチェックする形式でした。できていないことを探しチェックする作業では、「ああこんなにできていないことがあるのか」とネガティブな気持ちになりがちです。

　どうにかリフレクションシートを次の学びに前向きに活かせるものにできないかと思っていた時、田口浩明先生（公民科）のリフレクションシートに出会いました。

この授業で大切にしていたことが20個あります。何でしょう？

　田口先生のリフレクションシートにはこの問いだけが書かれていました。**20個というのは厳密な数ではありませんが、簡単に挙げられる数ではないので、よく考えて振り返ることができます。**

　始めはたくさん書けない生徒も、ペアやグループ、クラスで考えを共有する中で、あっという間に20を超えて書いていました。

１学期の英語の授業で大切にしていたことが20個あります。何でしょう？

　田口先生の方法を英語にも当てはめてリフレクションシートをつくりました。余白を多くして、自由にマッピングしながら書けるようにしました。下の回答は、高校１年生のものです。（抜粋）

話すこと・まねすること・自分の考えを自分の言葉で述べること・参加型の授業にすること・英語を楽しむこと・ともに学ぶこと・たくさんのクラスメイトと英語を使ってともに向上すること・恐れない心を持つこと・反応して答えを作ること・単語力をつけること・文の中で文法を身に着けること・実際に外国で使える英語を教えること・日本の中でおさまらないこと・いろいろな視点で物事をとらえること・積極的に主張すること・英語を通して世界とつながること・Shadowing・楽しい授業・発音・席移動方法・コミュニケーション力・問題を出し合う・反復練習・挑戦・協力・ネイティブとの交流・理由を考える（言う）・グループワーク・アイコンタクト・イメージする・失敗すること・笑顔で！・Active・役割分担・音読・伝えようとする気持ち・感謝すること・笑い・今まで習ったことが英語で説明できる・トレーニングを続けること・本物の英語に触れること・たくさんの人と話すこと・先生が面白いと思ったことを共有すること・新しいトレーニング法を探すこと・手を動かす・考えること・相手を思いやること・あきらめないこと・友だちとつながること・目標を持つこと・日々のニュースなどを取り入れること・生徒を動かすこと・生徒に向上心を持たせること・正しい発音を聞かせること・集中できるよう音楽を流すこと・いろいろなネイティブの発音を聞かせること・OPを必ずやること・人のよいところをまねること・思い出すこと（OP Review）・正しい発音に（自分で）修正すること・積み重ねること・読みながら書く・聞きながら書く・プレゼン力をつけること・改善していく・好奇心・行動する・要約する・相手をほめる・テストの点数は関係ない・ディベート・しがみつく心・高め合う・家でも自分でトレーニングすること・信じぬくこと・投げ出さないこと・レールを敷かずに生徒がやること・ミスしてもよい・英語を愛すること・音から学ぶ・友だちから学ぶ・絵や表を使って説明できる・意見を言い合う（討論）・教科書を深く理解する・毎日の継続・暇を作らない・大学受験でも対応できること・短時間で・異文化理解・退屈じゃない授業……

●「教えない」授業に近づくために●

　このような形式を続けると、「教えない」授業を目指すという、こちらの授業の意図が全員に伝わります。

勉強方法の共有

 ## 英語の学びの本質とは？

　英語を勉強する目的は、高校入試や大学入試に合格することが本質ではありません。大学入学後、英語を使って学んでいる姿、10年後、20年後に英語を使って社会に貢献している姿をイメージしながら、なぜ英語を学ぶのか、どんな勉強が大切なのかを常に投げかけましょう。英語の学びの本質を理解する中で、適切な学習方法を選択できるのが自立した学習者です。

　このような将来に渡って英語を学び続ける過程に大学入試があります。したがって、大学入試は何も特別なものではありません。本質的な英語の学びを続けていくことが、大学入試にもつながります。

 ## 学びの本質の共有

　実際、将来をイメージして英語を学んでいる生徒は、自ら学びの場を広げていきます。留学に挑戦したり、JICAのキャンプに参加したり、スピーチやディベート、英語劇のコンテストに参加したりしながら、英語の学びの本質に気づいていきます。

　そして、彼らが**気づいた学びの本質を、惜しげもなく披露したとき、それに救われる生徒がいます**。ですから、彼らの気づきを利用しない手はありません。

▶付箋で学び方を共有していこう

　廊下に模造紙を貼り、付箋を用意します。そして、「学びの本質に気づき、大切にしている勉強法を付箋に書いて貼り付けてください。あなたの方法で救われる人がいます。誰かのために、勉強法を披露してください」と学年集会や学年通信で呼びかけます。

　左の写真は、「勉強に行き詰まった時の解決法」を書いてもらいました。教科ごとに模造紙を用意すれば、それぞれの教科で学びの本質に気づいた生徒が、勉強法のアイデアを披露してくれるでしょう。

　英語の勉強法では、前項で紹介したリフレクションシートの項目とほぼ一致する内容が書かれます。同じことでも、教師からではなく、生徒から繰り返し大切な勉強法が発信されていることが重要です。

────●「教えない」授業に近づくために●────

　このように、教師が伝えたいメッセージに気づいている生徒が必ずいます。大切なのは、このような生徒たちが情報を発信する場を提供することです。生徒同士が意見を交流し、発信し合う場は自立した集団を育てるために必要なものです。

第 4 章

アクティブ・ラーニングの授業準備

生徒主体の授業案の作成方法

指導案を書けるようにしましょう

　指導案は毎回の授業で書く必要はありませんが、簡易的な指導計画はすぐに書けるようにしておくと授業参観などの時に参観者に提示することができます。生徒が主体的に学ぶ授業の指導計画を書くにはコツがあります。次のような手順を参考にしてください。

① 　レッスン（単元）を通しての Big Question を考える。
　　例　What do you want to change to make the world a better place?
② 　Big Question を使って本授業の目標をつくる。
　　例　教科書の内容を要約し、Big Question の答えを英語で話すことができる。
③ 　本授業で付けさせたい力を整理する。
　　例　教科書 p.○○を意味を伝えることを意識して音読できる。
　　　　教科書 p.○○の絵を使って、内容を話すことができる。
④ 　付けさせたい力を育てる活動を考える。
⑤ 　活動に対する教師の支援を考える。

　右のようなフォーマットがあるとすぐに指導案の本時の指導計画を書くことができます。

本時の指導計画フォーマット

評価規準 付けさせたい力	指導過程 （時間）	生徒の活動	教師の支援
ウォームアップの活動　Warm-up			
復習の活動　Review			
新教材の導入と展開 Introduction & Activities of New Materials			
	Closing	宿題など課題を確認する。	本時の授業をまとめ、次の授業につなげる。

―――――●ポイント●―――――

　左から考える順に項目が並んでいることです。生徒の活動を教師の支援より先に書くことで、生徒主体の考え方が指導案に自然に反映できるようになります。

実際の指導案の例

 指導案の実際

実際に高校1年生のコミュニケーション英語Ⅰのある単元の指導案を紹介します。

英語科学習指導案（科目 Communication English Ⅰ）Teaching Plan
　　　　　　　　　　　　　　　　　　　　　授業者：山本　崇雄

1　日時　2014年10月2日（木）第6校時　14：20～15：10
2　学級　1年C組（38名）
3　目指す生徒像
　ことばの持つ力を大切にし、英語を使って世界に自分の伝えたい内容を発信できる生徒
　(1)　自立した学習ができ、問題解決能力のある生徒
　(2)　アクティブ・ラーニングの活動で主体的にコミュニケーションの取れる生徒
　(3)　英語劇などドラマ活動で主題を深く理解し、場面や心情に合わせ、英語で生き生きと表現できる生徒
　(4)　ディベートなどのスピーチ活動で、論理的な内容を英語で表現できる生徒
4　教材及び目標
　(1)　単元　Bopsy (Lesson 5, *Element English Communication I*, KEIRINKAN)
　(2)　本単元の Big Question "Was Bopsy happy with his life?"
　(3)　目標
　　①　Bopsy の生き方について読み取り、内容を要約して Big Question に対する自分の考えを加えて、伝えることができる。
　　②　教科書の絵を使い、内容を英語で説明し、自分の考えや意見を話すこ

とができる。
　　③　新しい語い、文法（S＋V＋C［分詞］、S＋V［知覚・使役動詞］、関係代名詞 what について理解し、さまざまな言語活動の中で使うことができる。

5　単元の評価規準

年間を通しての観点と評価規準▶	▶本単元の評価細目と方法
Ⅰ　コミュニケーションへの関心・意欲・態度 ①　英語で進められる授業に自然に参加し、学習を継続している。 ②　言語活動に積極的に取り組んでいる。 ③　既習の言語材料を用いて意欲的にコミュニケーションをしている。 ④　間違いを恐れず英語を使おうとする態度が見られる。	Ⅰ　②→ペアワークで積極的に英語を使っている。 ▶ 観察 とくに達成できていない生徒のみを記録する。 Ⅰ　④→オーラルプレゼンテーションで、間違いを恐れず英語で話している。 ▶ 観察 とくに達成できていない生徒のみを記録する。 ※①～④については常に授業内で観察をし、適宜アドバイスを行い、英語を使った授業の雰囲気作りを大切にする。
Ⅱ　表現の能力 ⑤　コミュニケーションの継続を意識して、適切な英語で応対し伝えることができる。 ⑥　教科書の内容を英語で要約し、意見を言うプレゼンテーションができる。 ⑦　教科書の内容を伝えることを意識して音読することができる。 ⑧　既習の文型や語法、適切な文章形式をふまえて、英文を正確に書くことができる。	Ⅱ　⑥→教科書の内容を絵を使って、英語で再現することができる。 ▶ 記録 毎時間数人ずつ発表を評価する。 　□　教室全員に聞こえる音量で英語を話している。 　□　教科書の内容を8割以上伝えている。 　□　内容に関連した自己表現、質問を入れている。 Ⅱ　⑦→正確な発音と適切な強弱・イントネーションで教科書を音読することができる。 ▶ 観察 とくに達成できていない生徒のみを記録する。 ▶ 記録 実技テストによって評価する。（後日）

Ⅲ 理解の能力	Ⅲ ⑨→Bopsyの生き方について
⑨ 必要な情報を、正確に聞き取ることができる。 ⑩ 質問や指示などに適切に応答できるよう正確に内容を聞き取ることができる。 ⑪ 事実関係を正確に読みとることができる。 ⑫ ある分量の英文を読んで、主題や論拠を考えながらその大意を読み取ることができる。	の英文を聞き、必要な情報を聞き取ることができる。 ▶ 定期考査 Ⅲ ⑪→Bopsyの生き方についての英文を読み、必要な情報を読み取ることができる。 ▶ 定期考査
Ⅳ 言語・文化の知識・理解 ⑬ 基本的な語い、語法を理解し、適切な表現として使用することができる。 ⑭ 正しい語順や文型など基本的な文法事項をふまえて、場面や状況に応じた適切な表現を選択することができる。 ⑮ 自分の生活や日本の文化について理解を深め、自分の意見を述べることができる。 ⑯ 外国の文化や歴史、社会の課題などについて理解を深め、自分の意見を述べることができる。	Ⅳ ⑬→文構造を理解し、正しい表現を選択し、話したり、書いたりすることができる。 ▶ 定期考査 Ⅳ ⑭→教科書の文を正しい語順で書くことができる。 ▶ 定期考査

6 指導計画

時間		warm-up / review	main activities
1	本時	□速読英単語 　単語（日→英クイックレスポンス）Shadowing □ Oral Presentation（Review）	□ Lesson 5 全体の導入 　/ Guess Work / ジグソー法を使った読解（グループ） □ Oral Presentation の練習（個人、ペア）

2		□ 速読英単語 単語（日→英クイックレスポンス）Shadowing □ Oral Presentation（Review）	□ Lesson 5 Part 1 の展開 本文の内容を Listen & Draw で理解する。（個人） 自分で描いた絵を英語で説明する。（ペア） □ Oral Presentation の練習（個人、ペア）
3		□ 速読英単語 学習方法をグループで選択し、活動する。 □ Oral Presentation（Review）	□ Lesson 5 Part 2 の展開 本文の内容を Sight Translation を使って理解を深める。（ペア） □ Oral Presentation の練習（個人、ペア）
4		□ 速読英単語 学習方法をグループで選択し、活動する。 □ Oral Presentation（Review）	□ Lesson 5 Part 3 の展開 ゴールを目指したグループワーク 学習方法をグループで選択し、活動する。 □ Oral Presentation の練習
5		□ 速読英単語 学習方法をグループで選択し、活動する。 □ Oral Presentation（Review）	□ Lesson 5 Part 4 の展開 ゴールを目指したグループワーク 学習方法をグループで選択し、活動する。 □ Oral Presentation の練習
6			□ Lesson 5 全体の内容に関する Q & A（ペア） □ 文法事項の Paper-go-around □ リフレクションシートへの記入
後日		Oral Presentation Test（Speaking Test） 定期考査 リスニング、リーディング、文法知識についての筆記テスト	

7　補助教材と教具

副教材	速読英単語入門編（Z会）
教具	Word Flash Card / Picture Card / iPhone / Projector

8 授業構成の考え方
 (1) ペアワーク、グループワークでお互いに助け合い、感謝し合う雰囲気を大切にする。
 (2) 自立した学習者を育てるためのアクティブ・ラーニングを取り入れ、生徒ができることは、生徒にやらせる。
 (3) 教科書をベースとし、4技能を育てる活動を広げていく。
 (4) 各レッスンの出口に、Oral Presentation Test を行い、Big Question に対する自分の考えに関連する教科書の内容を引用しながら、自分の意見を話すことができる。

授業のルール

Everyone should …
☐ listen, speak, read, write and move.
☐ enjoy making mistakes.
☐ say "Thank you" when your friends do something for you.

9 本時の学習
 (1) 目標
  ① ペアやグループで協力して取り組む。
  ② Bopsy の生き方についての文章を読み、あらすじを読み取ることができる。
  ③ Lesson 5 の絵を使って、読み取った内容を英語で話すことができる。
 (2) 指導過程

評価規準 付けさせたい力	指導過程 （時間）	生徒の活動	教師の支援
	ウォームアップの活動　Warm-up		
	1　速読英単語 2　Picture Description	1　単語集を使い、ペアで暗唱のトレーニングを行う。 2　教科書の絵を使い、素早く内容を英語で説明する。（復習Lesson 1〜4）	生徒の体調や様子を観察する。 生徒の授業準備（忘れ物）などの観察をする。（声がけ） できていない生徒を支援する。

	復習の活動　Review		
	3　Oral Presentation（Pair）/ Lesson 4	Lesson 4の絵を使い、ペアで内容を英語で説明するトレーニングをする。 イメージ（絵）→英語	スムーズにできない生徒にはLesson 4の教科書を確認するよう助言する。
	新教材の導入と展開　Introduction & Activities of New Materials		
コミュニケーションへの関心・意欲・態度Ⅰ　④間違いを恐れず英語を使おうとする態度が見られる。 観察	4　Jigsaw Reading（Group） (1)　Write key words（think） (2)　Pairwork（pair-share） (3)　Listening (4)　Jigsaw Reading	(1)　絵を見ながら、ストーリーを想像し、キーワードを書き込む。 (2)　絵から想像した話をペアで共有する。 (3)　英文を聞き、内容を理解する。 (4)　壁に貼ってある本文をグループの1人が読みに行き、内容をグループに伝える。	・Group Workのルールを確認する。 ・Think-Pair-Shareの手法を使う。 ・グループを周り、支援する。 ・活動の終わりの時間を意識させ、タイムマネジメントを促す。 ・早く読み終えた生徒は、複数の箇所を読み取るよう促す。
	5　Oral Presentation（Pair）	絵を使って、Lesson 5の要約を英語で説明するペアで練習をする。 イメージ（絵）→英語	・個々の生徒を観察し、内容の理解度を把握する。 ・相手の発表で良かった所を3つ見つけるよう指示する。
	6　Closing	宿題など課題を確認する。	本時の授業をまとめ、次の授業につなげる。

●ポイント●

　各自治体の教育委員会や学校で決まったフォーマットがある場合も、手順としては、生徒の活動を優先させて考えると生徒主体の授業案を書くことができます。

「教えない」授業1
～最初の5分を生徒で進める～

 授業の一部を生徒に任せよう

　第3章で紹介したさまざまな活動の多くは、生徒たちだけでも取り組むことができます。活動に慣れ親しんできたら、思い切って、目標と活動時間だけを示し、生徒たちで自主的に取り組むような機会を与えてみましょう。

 授業の最初の5分を生徒が行う

　最初の5分を決まった活動にすると生徒は自主的に活動しやすいでしょう。最初の5分を生徒に任せる場合、毎回同じ活動をすることが前提となります。

1　「たてよこドリル」を使った例（中学生全学年）

　第3章で紹介した「たてよこドリル」のやり方に生徒が慣れた段階で、以下の手順で自主的に取り組ませてみましょう。（中学1年）

(1)　目標の提示
　「30 Which do you like, soccer or baseball? のページを意味を考えながら素早く読むことができる」
(2)　時間の設定
　5分間　※ Warm-up の活動は長くても10分程度にしましょう。
(3)　活動方法の選択：次の中から、ペアで活動方法を決めさせます。
　①　Small Teacher：片方が先生となり、番号をランダムに言い、出題

していきます。もう片方の生徒はできるだけ早く答えます。
　② Reading Relay：1文ずつ交互に読んでいきます。
　③ Reading Race：14個の例文をどちらが早く読み終えるかを競争します。
　④ Read & Write：音読しながら、答えを書いていく活動です。

2 「速読英単語」を使った例（高校生全学年）
(1) 目標の提示
　p.○○の長文を意味を理解しながら音読することができる。
　p.○○〜p.○○の単語の意味を言うことができる。　など
(2) 時間の設定
　5分間
(3) 活動方法の選択：次の中から、ペアで活動方法を決めさせます。
　〈単語の学習〉
　① Small Teacher：英単語の発音をペアで繰り返しながら練習する。自分のミュージックプレーヤーやスマートフォンの音源を使わせてもよい。
　② 単語クイズ：ペアで単語の意味を英語→日本語、日本語→英語と問題を出し合い学習を進める。
　〈長文の学習〉
　① 日本語訳のRelay Reading：日本語訳を交互に音読する。
　② Small Teacher：1文ずつ発音の練習をする。
　③ 英文のReading Relay
　④ 英文のReading Race

　目標を示し、学習方法を選択させる方法は自立した学習者を育てるのに有効な方法です。

「教えない」授業2
〜教科書の内容を生徒だけで学ぶ〜

目標に向かって、自分たちで取り組む

　中学後半から高校生になるとさまざまな学習活動に慣れ親しんでくるので、教科書の学習を自分たちで選んだ方法で進められるようになります。

① **目標の提示**
　教科書p.○○の絵を英語で説明することができる／教科書p.○○を相手に伝えることを意識して音読することができる　など

② **時間の設定**　20〜30分

③ **活動方法の選択**：次のようなスライドを提示し、活動を自分たちで選択させます。

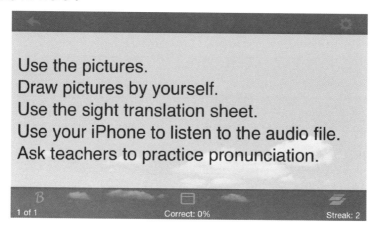

　慣れてきたら、スライドは提示しなくでもいいでしょう。時間になっ

たら、班ごとに目標が達成できたか確認します。
④　**あると便利なもの**：各班に一つストップウォッチがあると便利です。100円ショップでも購入できますし、生徒のスマートフォンのタイマー機能を使わせてもいいでしょう。生徒たち自身で活動の時間を区切り、タイムマネジメントができる力は自立した学習につながります。

複数の活動の選択とタイムマネジメント

　20〜30分あれば、複数の活動を組み合わせなければなりません。ゴールに向かって、どの活動をどの順番で行うかは簡単な選択ではありません。ですから、活動に親しむということは、その活動の方法に親しむだけでなく、その活動が目標に向かってどのような役割を担うのかも理解しているということなのです。普段から、活動と目標が点と線でつながり、それが生徒に伝わる授業を意識することが大切です。

少しずつ教師のコントロールを少なくしていく

　このように、授業の一部から、「教えない」授業はスタートします。自主的に取り組む活動を少しずつ増やしていきましょう。自分で体験することを繰り返す中で、その活動の目的や役割がはっきりしてきます。また、活動同士の整合性も見えてくるようになります。

　そして、いつか授業全体を生徒に任せてみましょう。教師のコントロールを離れたとき、はじめて主体的な学びが生まれます。そして、この主体性は10年後、20年後の生徒の生きる力へとつながるのです。

「教えない」授業 3
～生徒による授業～

いよいよ「教えない」授業の集大成

　生徒による授業は「教えない」授業の目指す姿の一つです。生徒による授業は次のような手順で準備させます。

　目標の提示→担当箇所の決定→班で目標の確認→活動の決定→指導案の作成

目標の提示

　授業の目標は先生が決めます。本書の流れでは、「教科書の内容を絵を使って説明し、Big Question に対する自分の意見を話すことができる」という感じになります。目標も、普段の授業で生徒が慣れ親しんだ形式のものが取り組みやすいと思います。

担当箇所の決定

　レッスンを通した目標の下に、班の数だけ、小目標をつくります。
たとえば、クラスに 6 班あったとしたら、以下のような目標をつくります。
　1　Part 1 を意味を伝えることを意識して音読できる
　2　Part 2 を意味を伝えることを意識して音読できる

 3 Part 3 を意味を伝えることを意識して音読できる
 4 Part 4 を意味を伝えることを意識して音読できる
 5 文法や表現を使って、コミュニケーションができる
 6 目標につながるレッスン全体の復習
これらの項目を示し、どの班がどの授業を担当するか決めます。

▶活動の決定

　授業の時間は、1時間で1班、または1時間で2班くらいが適当だと思います。
　班で、目標と時間を確認しながら活動を選んでいきます。この話し合いに時間を少なくとも1時間は授業中に確保しましょう。中学生でも、まるで授業研究会のような議論になるでしょう。

▶指導案の作成

　指導案には、①活動目標、②活動内容、③担当生徒、④ Teacher Talk が書き込めるシートを用意します。④の Teacher Talk はとくに英語で進める場合大切です。

▶「教えない」授業の魔力

　実際の授業では、緊張感を伴った、生徒の生き生きとした姿がみられるでしょう。生徒の中では、「教える」「教えられる」の Give and Take の関係が生じるので、クラス全体に一体感が生まれます。この時の自立した雰囲気と生き生きとした表情を見たとき、教師を虜にする「魔力」を感じました。これは、「教え込み」の授業では生まれません。「教えない」授業を目指し、多くの先生方にこの「魔力」を感じてほしいと思います。

第 5 章
こんな時どうする？
アクティブ・ラーニング
Q&A

生徒が話したり動き出したりしない時にはどうしたらいい?

 自立を願い、見守る一貫した姿勢

　生徒がアクティブ・ラーニングで活発にならない場合、先生の側に問題があることが多いと思います。学級運営で厳しく押さえ込む指導をしている先生が、授業の時だけ、「失敗を楽しみながら自由にやりなさい」と言っても生徒は戸惑うでしょう。

　アクティブ・ラーニングで自立させるには、教師の側に覚悟が必要です。教え込む、押さえ込む指導をしてきた先生にとってはとても大きな変化になります。これまでの経験を否定しなければならない部分も出てくるでしょう。

　しかし、「自立を願い、見守る姿勢」を貫くことが、アクティブ・ラーニングを成功させるために一番大切なことです。

 生徒が動き出したくなる目標を示す

　アクティブ・ラーニングは手段であって、目標ではありません。アクティブ・ラーニングができなくても、目標が達成できれば、それでもいいのです。ですから、アクティブ・ラーニングで学んだほうが、達成しやすい目標を設定することが大切です。

　たとえば、「教科書 p.○○の単語を正確に書くことができる」という目標であれば、話し出したり、動き出したりする必要はないでしょう。(ただし、アクティブ・ラーニングに慣れている生徒は単語学習もペア

ワークなどアクティブ・ラーニングで行います)

　一方、「教科書p.○○の絵を英語で説明することができる」であれば、「話す」ことが目標ですから、必然的に話し出すでしょう。「自分の意見を言う」を目標に加えれば、多くの人と意見交換したほうが、自分の意見を改善しながらまとめることができます。

　目標に対する手段として、アクティブ・ラーニングが最適であることを感じた時、生徒は自然に動き出します。

▷ 長いスパンで生徒の失敗そして成長を見守る

　講義形式の教え込みの授業は、どのような集団でも一定のスピードで進み、わからなくなって立ち止まることは、集団に迷惑をかけます。間違いをすることは、集団に迷惑をかけることだと感じるようになり、失敗を恐れるようになります。授業が立ち止まらず一直線に進んでいく時間になります。

　一方、アクティブ・ラーニングの授業は、目標は同じでも、進むスピードはペアやグループでさまざまです。失敗も繰り返し、何度も挑戦して循環しながら進んでいく時間になります。

　アクティブ・ラーニングに慣れていない生徒にとって、この変化はとても大きく、慣れるまで2〜3ヵ月はかかるでしょう。ですから、この変化を粘り強く見守りましょう。先生にも忍耐が必要です。決して、取り組みの姿勢を「評価」の重要項目としてちらつかせたり、「叱責」したりすることでアクティブ・ラーニングを活性化させようとしてはいけません。

　示すのは、常に目標と課題解決の手段であるアクティブ・ラーニングの方法です。そして、失敗を認めながら、時間をかけて見守りましょう。

生徒が話し合っていることが間違っている時は？

発音や文法の誤り

　自由に話し合っている時、あちこちで間違った発音や文法が聞こえてくる……そんな時、直してあげたいのが教師の性だと思います。しかし、アクティブ・ラーニングの活動の時の大切なルールにEnjoy　making mistakes.「間違いを楽しもう」があります。このルールで、間違いを恐れない態度が育っていると考えられます。

　したがって、ここで**間違いを訂正することは、このルールに反することになります**。あくまで、**活発で能動的な学びがあることを大切にしましょう**。

　ただ、誤りを放置するわけではありません。間違いはしっかりモニタリングしましょう。誤った発音や文法は、授業の最後（または、活動の後）に、練習しながら誤りに気づかせましょう。できれば、CDを聞かせるなどの自然な活動を通して、誤りに気づくようにしむけると、自己修正力が付きます。

話し合いがうまくいかない

　私の授業では、席替えを頻繁にしながら、グループワークを取り入れるので、グループのメンバーは恣意的ではありません。時には、消極的な生徒が集まってしまうこともあります。そのようなグループを見ると心配になってしまいます。しかし、アクティブ・ラーニングの活動に慣

れてくると、消極的な生徒も能動的に変わってきます。ですから、まずは観察しましょう。意外にうまくいく場合が多いと思います。生徒の成長は、教師の先入観を軽く超えていきます。

　それでも、活動がうまくいかない場合は、ペアワークを間にはさみ、席替えをします。グループも固定でなく、積極的に変えていきましょう。グループ活動も、うまくいかないことから学び、自分たちで改善ができるようになります。

目標に向かう解決法が見つからない

　モニタリングをしている中で、活動がうまくいかない理由が、英語の発音や文法など「知識・理解」の観点の理解不足にある場合があります。そのような時は、次のように語りかけ解決の手段を示唆しましょう。

You can move to another group to get the hints.
Did you check your dictionary?
Did you look up "○○" in the dictionary?
You can use your music player to listen to the pronunciation.
Do you want to practice the pronunciation with me?
Did you read p.○○?
Did you check the meaning from the sight translation sheet?

　あくまでも、解決の手段に重きを置いてフォローします。これらの質問による介入は、生徒が自ら誤りに気づき修正する力を育てることにもつながります。答えを教えてしまったほうが早いのですが、自立した学習者を育てるため、教えたい気持ちは我慢しましょう。

孤立する生徒が
出てきたらどうするの？

 生徒が活動する時間は、教師が観察する時間

　生徒が孤立してしまう場合、さまざまな理由が考えられます。その生徒自身に問題がある場合もありますし、クラスの人間関係で何かトラブルがあった可能性もあります。

　前者の場合は、よく観察をし、場合によっては面談をして、共に解決策を考えましょう。クラスの人間関係などのトラブルの場合は、担任の先生や学年主任、生活指導部など連携して解決を目指す必要があります。

　アクティブ・ラーニングの活動のよさは、生徒が主体的に学ぶので、その分教師が生徒の活動をじっくり観察できる時間が生まれることです。生徒の変化を見逃さないよう、教師も能動的に動きましょう。座席表のコピーを常に準備しておくと、メモをとるのに便利です。

 多様性を認め合い、感謝し合う雰囲気を大切に

　当たり前のことなのですが、生徒は一人ひとり、異なった性格、能力を持っています。しかし、一斉授業で、一斉に同じことを同じスピードで学習することに慣れていくと、生徒は人と違うことを恐れるようになります。人と違う意見を言ったり、人より課題を進めるのが遅かったりすることで、孤立感を持ってしまいます。

　一方、本書で提案するアクティブ・ラーニングの授業では、ペアを頻繁に変え、感謝しながら活動をしていきます。ペアを変えることにより、

一人ひとりの違いに気づきます。違っていても、お互いに感謝し合います。お互いにいいところを見つけようという仕掛けもしてあるので、いいことをたくさん言われます。

　感謝し合い、いいところを見つけ合うことで、一人ひとりが自己肯定感を育てることができ、クラスが自分の居場所になるのです。そして、「感謝のことば」が一人ひとりのつながりを強くし、集団の力を育てていきます。

　このように、アクティブ・ラーニングの授業では、一人ひとりの性格の違いや、能力の違いを認め合う集団に育てることができます。「人と違う」ことにより生まれる孤独感は感じなくなるでしょう。

▶英語の授業から、学活、部活 そしてすべての授業で

　このような多様性を認め合う集団は英語の授業だけでは育てることができません。同じ考えでアクティブ・ラーニングに取り組む授業が増えれば増えるほど、自己肯定感を持つチャンスは増えます。

　まずは、ご自身のできる範囲で、アクティブ・ラーニングの考えを活かす場面を増やしていきましょう。朝の学活、帰りの学活、部活などで、活用できるものを増やしていきましょう。

　そして、うまくいったことを同僚の先生と共有し、学年、そして学校へと広がっていくといいでしょう。このように、学校全体で認め合う雰囲気ができていけば、孤立する生徒も少なくなると考えます。

保護者や教職員から
やり方を批判されたら？

アクティブ・ラーニングは放任？

　アクティブ・ラーニングで「教えない」授業を目指したとき、一見、教師は何もしていないようにみえます。「教えない」という言葉から、ネガティブな印象を持つ保護者もいるかもしれません。一斉授業で教え込むスタイルの先生からも、「○○先生は放任している」と誤解を受けることもあります。

　アクティブ・ラーニングの授業はこれまでの教師の役割を大きく変えるものです。また、その変化は社会の変化に対応したものでもあります。社会の変化が、大学入試の変化、教師の役割の変化へとつながっているのです。役割が変化しているのであって、決して放任ということではありません。

批判的な保護者への対応

　私は保護者会で、学年主任として学年経営方針を、担任として学級経営方針を、そして教科担任として指導方針をスライドを使って丁寧に説明するようにしています。その中で社会の変化、大学入試の変化、教師の役割の変化について言及します。

　それでも、批判が出てきたとしたら、それは恐らくご自身が経験をしたことのないものへの不安から生まれることが多いと思います。この場合、その保護者の経験に結びつく材料を提示することが有効です。

アクティブ・ラーニングの授業は英語の4技能を総合的に伸ばすことができるので、現行の大学入試でも成果に表われます。模試などの結果を示し、説明すると、保護者自身の経験につながります。そして、これからの大学入試の変化について言及しましょう。経験と変化がつながれば、アクティブ・ラーニングへの理解は深まります。

同僚から批判されたら

　私の学年では、クラスのリーダーと教員が朝学活の前に打ち合わせをします。その日の予定など、朝学活で全生徒に伝えたほうがいいことを話します。ですから、朝学活で教壇に立つのは教員でなく生徒です。英語の授業では講義をしません。時に生徒が授業をします。文化祭などの行事でも、生徒の活動を廊下から見守ることが多くなります。
　こういった場面を一部だけ見た場合、「○○先生は生徒を放任して何もしていない」と同僚から誤解を受ける時があります。誤解を防ぐためには、活動のねらいを話し合う教員同士の横のつながりが大切です。

自然に生まれた勉強会「学びの広場」

　本校では同じような思いをした先生で自主的な勉強会が生まれました。「学びの広場」という名の情報交換の場は、アクティブ・ラーニングといった特定の方法にとらわれず、広く先生同士気軽に話し合う場にしようと始まりました。教科を超えて、熱心に話し合っています。
　そこで共有したさまざまなアイデアは自由に共有して、授業改善につなげます。このような、先生同士のつながりは、さまざまな誤解を防ぐことができるだけでなく、教科間のつながりも強くします。
　同じ学年を複数の教員で受け持つ場合は、まず目標を共通にしましょう。例えば「絵を使って学んだ内容を話す」という目標を共有し、目標を達成するのに効果的な指導法を少しずつ共有していくといいでしょう。

講義型の授業に戻してほしいと生徒に言われたら？

▶ 講義型の授業に戻してほしい生徒の気持ち

　もし、「講義型の授業に戻してほしい」と言われたら、なぜその生徒はそう思ったのかを、その生徒の気持ちに寄り添って考えることから始めましょう。多くは目先のテストを効率よく乗り越えることに気を取られ、10年後、20年後の自分の生活と今の学校での学びが結びついていないことが考えられると思います。

　現在の企業や職業が10年後、20年後に存在する保証はありません。新たな仕事をつくり出し、起業する力も必要になります。国際化が進み、多様な考え方が広がる中で、自己主張する力も求められます。このような社会で、困難にぶつかった時、乗り越え方を講義してくれる先生はいません。**「その時、あなたはどうしますか？　どんな力が欲しいですか？」**と投げかけ、その時必要な力とアクティブ・ラーニングで育てる力の共通点に気づかせましょう。

▶ アクティブ・ラーニングで「できた」と思う瞬間の体験を

　実際に、聞き取れなかった英語が聞こえるようになった瞬間は、「できた」と達成感を感じることができます。このような具体的な達成感を感じる仕掛けをアクティブ・ラーニングの導入時にやると効果的です。

　まずは、生徒のレベルに合った英文を聞かせます。語学プレーヤーなどで少し早めの英語を聞かせるといいでしょう。なんとなくわかるけれ

ど、細かい所まではっきり聞き取れないレベルがちょうどいいと思います。ここで「わからない」経験をします。

そして、アクティブ・ラーニングの登場です。以下の手順で活動をします。

① 英文を聞く（個人）
② Small Teacher（ペア）
　―Sight Translation を使って発音練習をする。
③ CD のモデルに続いて音読練習
　―発音を修正する。
④ Picture Drawing（個人）
　Sight Translation を見ながら本文の内容を表わす絵を描く。
⑤ Sight Translation（ペア）
　―日本語から英語にする練習をペアを変えて2回程度行う。
⑥ Reading Relay（ペア）
　―1文ずつ交代で読む練習。ペアを変えて2回程度行う。
⑦ Reading Race（ペア）
　―本文をどちらが早く読み終えるか競争。ペアを変えて2回程度行う。
⑧ Oral Presentation（ペア）
　―④で描いた絵を英語で説明する。ペアを変えて2回程度行う。
⑨ もう一度英文を聞く（個人）

このように、アクティブ・ラーニングの活動を通して、結果的に本文を10回以上音読していることになります。これだけ音読すると⑨での聞こえ方が大きく変わり、細かい所まで「わかった」と実感するでしょう。一人で10回以上同じ文章を音読するのは大変ですが、活動やペアを変えて行うので、飽きずに取り組めます。この経験をすれば、アクティブ・ラーニングの効果を実感することができるでしょう。

成績が
下がってしまったら？

 授業と家庭学習のサイクルをつくる

　アクティブ・ラーニングの授業で自立した学習ができるようになると家庭学習とのサイクルがうまくできるようになります。この結果、テストでも点数が取れるようになり、極端に平均点を下回る生徒もいなくなります。実際に私の学年の高校1年3月（2014年度）のGTEC for studentsの平均スコアは551.4点でした。この点数は2012年度の本校の高校2年生の平均スコア553.4点に肉薄しています。アクティブ・ラーニングの授業は4技能を大きく伸ばすことができます。

　それでも、成績が下がってしまったら、生徒の学習の取り組みに問題がある場合があります。

　アクティブ・ラーニングの授業では自立した学習者を育てることを目標にするので、学校外でも自立した学習をすることが求められます。私の授業では、右のようなチェックシートを使って、授業で行うことと（左段）、家庭で行うこと（右段）を自己評価できるようにしています。これを使えば、自分に欠けている学びが明らかになります。また、授業での活動と家庭での活動が明確になり、授業と家庭学習のサイクルが生まれてきます。

　成績が思うように上がらない生徒には、このシートを使って、学習方法のチェックをしましょう。**授業で芽生えた自立の芽を育てるのは、授業外で、自分で実践してみることです。**芽を育てる活動を授業外でどれだけ行うかが、成績にも反映していくでしょう。

セルフチェックシート

English Communication II
Self-check Sheet

Lesson 4 Life in a Jar

Big Question

Who is your role model?
How do you tell others what your role model did?
Do you know of anyone who has done great things but it isn't well known (famous)?

Goal　Tell the key points of the story with pictures and answer the "Big Question"

@school　(L: Listening S: Speaking R: Reading, W: Writing)　　@home

Knowing
- ☐ Guess Work (W : Oral Presentation Sheet)
- ☐ Listening (L)
- ☐ Read and Tell (R/L, S, W : OP Sheet, Group)

Understanding / Training
- ☐ Reading aloud (R : ST Sheet, Pair)
- ☐ E-J Translation (R: ST Sheet, Pair)
- ☐ J-E Translation (R: ST Sheet, Pair)
- ☐ Shadowing (R: ST Sheet, Pair)
- ☐ Read and Look up (R: ST Sheet, Pair)
- ☐ Drawing the picture of the story (PMP)
- ☐ Listen & Draw (PMP Notebook)
- ☐ Q & A Sheet (L,S, Pair)
- ☐ Paper-go-around (Grammar, Class work)
- ☐ 4 Corners (Grammar, Group)

Explaining
- ☐ OP Review (S: Pair)
- ☐ OP Practice (S : OP Sheet, Pair)

Thinking
- ☐ My Opinion (S, W : OP Sheet)

Understanding / Training
- ☐ Check the meaning (Sight Translation Sheet)
  *分からない語句と対応する訳にアンダーラインを引こう。
- ■Workbook『予習ノート』の活用
  - ☐ 1) Check the meaning of words and phrases
    *語句の意味を確認しよう。（直接書き込んでよい）
  - ☐ 2) Check the meaning of sentences
    *文の意味を確認しよう。（直接書き込んでよい）
- ☐ Drawing the pictures of the story (PMP)
  *教科書の内容を表す絵や図を自分で描いてみよう。
- ☐ Shadowing (R: ST Sheet or Textbook)
- ☐ Listen & Draw (PMP Notebook)
- ☐ Dictation (PMP Notebook)
  *CDを聞いて、1文ずつ一時停止し、文を書く練習をしよう。
- ☐ Practice the spelling (PMP Notebook)
- ☐ My Phrase (MP Notebook)
  *教科書の文から、自己表現に使える例文を増やそう。

Explaining
- ☐ OP Practice (S, OP Sheet)
- ☐ Summarizing (W, OP Sheet)
  *OP Sheetを見て、内容を要約して書こう。

Thinking
- ☐ My Opinion (S, W : OP Sheet)
- ☐ Watching Videos / Reading books

☺Website
Life in a Jar official website
http://www.irenasendler.org/
Life in a Jar (Youtube)
www.youtube.com/watch?v=ffuw8gFjJ1I
☺YouTube: 以下のキーワードで検索
"Irena Sendler" "Life in a Jar"

OP Test : Tell the key points of the story with pictures and answer the "Big Question"

Mid-term, End-term Examination

Self-Evaluation
- ☐ Individual Work [1 2 3 4 5]
- ☐ Pair/Group work [1 2 3 4 5]　　/10
- ☐ Number of the tasks you have done　　/13

Impression and Questions

2-class___no.___name_____

宿題はどうするの？

未提出者がゼロになる仕掛け

　宿題を出すと必ず未提出者が出ます。未提出者の指導に時間を取られることも多いのではないでしょうか。「どうしたら、全員が宿題に能動的に取り組んでくれるだろうか」この問いは教師なら誰でも持っているものです。

　実は、この「全員が宿題に能動的に取り組む」ヒントはアクティブ・ラーニングの授業にあります。アクティブ・ラーニングの授業ではペアやグループでの活動が盛んに行われます。その活動のモチベーションの一つは「誰かのために」活動することです。この考えを宿題にも取り入れましょう。**つまり、ペアやグループで宿題に取り組むのです。**

　たとえば、「教科書p.○○の意見に対する自分の考えを書く」という宿題を4人グループで取り組むとします。右の図のように、各自が意見を書ける用紙と、4人の意見を貼り付ける大きめの用紙を用意します。4人の意見を用紙に貼り付け、全員の意見を読み、共感した部分にアンダーラインを引きます。

　4人の意見が貼られ、アンダーラインが引かれていることが提出の条件になるのです。自分が課題をやらなければ、グループのメンバーに迷惑がかかってしまいます。苦手な子には「一緒にやろう」と声をかけ、助け合いながら宿題に取り組むようになります。「自分のため」の宿題に「誰かのため」という視点が加わります。「誰かのため」に行動する仕掛けはアクティブ・ラーニングでは重要だと考えます。

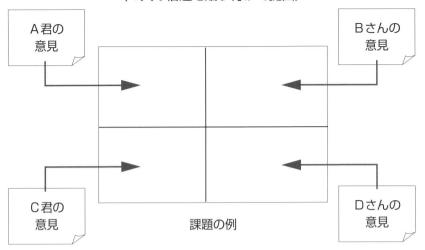

課題の例

「町にある英語をグループで40以上探そう」（中1）
「絵本に出てくるフレーズを紹介しよう」（中1）
「（現在完了など示し）例文をグループで20以上つくろう」（全）
「教科書のストーリーを四コマ漫画にしよう」（全）
「教科書の感想を英語で書こう」（全）
「文法問題に挑戦しよう」（全）
　―問題を4分割し、分担を決める。
「入試問題に挑戦しよう」（中3、高3）
　―入試問題の大問を分割し、答えを書く。授業でそれぞれの答えを検討する。

テスト、評価はどうするの？

PDCA サイクルで授業と評価のつながりを

　評価は独立したものではなく、PDCA サイクルで Check にあたる循環する指導の流れにあるものです。目標に向かって、指導計画を立て（Plan）、授業を行い（Do）、そこで培われた学力を適切に評価する（Check）必要があります。また、その評価は次の計画に活かさなければなりません（Action）。具体的には、まず育てたい生徒像を明確にし、目標をつくりましょう。その目標に向かって、生徒が主体的に学べるようアクティブ・ラーニングの授業を計画します。授業を通して、目標を達成できたかをペーパーテストだけでなくさまざまな方法で多角的に評価する流れになります。

多角的な評価とは？

　学習指導要領では、学習状況を分析的に捉える観点別学習状況の評価と、総括的に捉える評定とを、「目標に準拠した評価」として実施することが明記されています。英語科では、英語の4技能（「聞く」、「話す」、「読む」、「書く」）をこれらの観点で評価します。

また教育基本法で保証されている学力（学力の三要素）が育てられているかも考慮に入れた評価である必要があります。定期テストなどのペーパーテストだけではこれらの観点で十分に評価することはできないので、多角的な評価方法が必要なのです。

　私の授業では以下のような評価方法を取り入れています。Big Question から始まる授業スタイルなので、発表によるパフォーマンステストがメインの評価になります。ペーパーテストで測れるものは、定期考査で評価しています。

観点別評価の4観点（指導要領）	コミュニケーションへの関心・意欲・態度	外国語表現の能力	外国語理解の能力	言語や文化についての知識・理解
学力の三要素（教育基本法）	主体的に学習に取り組む態度	知識・技能を活用して課題を解決するために必要な思考力・判断力・表現力等		基礎的・基本的な知識・技能
パフォーマンステスト	Oral Presentation Test 教科書で学んだことを英語で要約して話す（書く）ことができる。授業で示された問い（Big Question）に対する回答を英語で話す（書く）ことができる。			
定期考査など		Writing Test	Listening Test Reading Test	文法などの知識を問う問題

　あくまでこの評価方法は一例です。PDCA サイクルの中で、生徒の学習状況、達成状況を見ながら、評価方法を改善していくことが求められます。

▶ 定期考査について

　上記の表からも、定期考査で測れる能力は限られています。Writing Test では、Oral Presentation に関連した内容を正確に書く問題にしています。Listening、Reading Test は未知の題材を使います。教科書の表現などの知識は、文法問題などで評価しています。

著者紹介

山本崇雄（やまもと　たかお）

1970年東京都生まれ。東京都立中学校・高等学校主幹教諭。自ら作曲・脚本を手掛ける英語ミュージカルをはじめ、「ことばの力」を育てる英語教育を実践。生徒を自立させるアクティブ・ラーニング型の英語授業を広めるため、講演や執筆活動にも活躍中。主な論文に「ことばには力がある〜英語ミュージカル、ディベートを目指して気づかせたいこと〜」『英語教育4月号』（大修館書店、2009年）、著書に『なぜ「教えない授業」が学力を伸ばすのか』（日経BP社）、『使えるフレーズ満載！ All Englishでできるアクティブ・ラーニングの英語授業』（学陽書房）他、脚本に『中学校たのしい劇脚本集英語劇付Ⅰ、Ⅲ』（共著、国土社、2011年）、教材に『英語のたてよこドリル』（正進社）、『Step Up Talking』（浜島書店）、合唱曲として「Under the Same Sky」（中学生の混声三部合唱曲集『光の射す方へ』音楽の友社）がある。検定教科書「New Crown English Series」（三省堂）編集委員。

はじめてのアクティブ・ラーニング！　英語授業

2015年12月17日　初版発行
2016年12月15日　5刷発行

著　者──────山本崇雄（やまもとたかお）
発行者──────佐久間重嘉
発行所──────学陽書房
　　　　　　　〒102-0072　東京都千代田区飯田橋1-9-3
営業部──────TEL 03-3261-1111／FAX 03-5211-3300
編集部──────TEL 03-3261-1112
　　　　　　　振替口座　00170-4-84240
　　　　　　　http://www.gakuyo.co.jp/

装丁／スタジオダンク　イラスト／尾代ゆうこ
本文デザイン・DTP制作／新後閑
印刷／倉田印刷　製本／東京美術紙工

© Takao Yamamoto 2015, Printed in Japan.　ISBN 978-4-313-65300-9 C0037
乱丁・落丁本は、送料小社負担にてお取り替え致します。